科 普 知 识 馆

令人向往的著名学府

潘秋生 编著

航 空 工 业 出 版 社

北 京

内容提要

大学是文化与思想的栖息地，了解知名大学，可以树立美好理想，开启远大目标，创造美好人生。本书图文并茂地介绍了世界各地著名大学的创立发展历史，剖析了一流大学的治学育人精神，展示了名牌大学的校训、办学理念和独具魅力，是激励青少年努力拼搏，树立远大理想的最佳读本。

图书在版编目（CIP）数据

令人向往的著名学府 / 潘秋生编著. -- 北京：航空工业出版社，2018.1（2022.4重印）

ISBN 978-7-5165-1418-4

Ⅰ.①令… Ⅱ.①潘… Ⅲ.①高等学校－世界－通俗读物 Ⅳ.①G649.1-49

中国版本图书馆CIP数据核字(2017)第307779号

令人向往的著名学府
Lingren Xiangwang de Zhuming Xuefu

航空工业出版社出版发行
（北京市朝阳区京顺路 5 号曙光大厦 C 座四层　100028）
发行部电话：010-85672688　010-85672689

三河市新科印务有限公司印刷　　全国各地新华书店经售
2018 年 1 月第 1 版　　2022 年 4 月第 3 次印刷
开本：710 × 1000　1/16　　字数：110 千字
印张：10　　定价：45.00 元

前 言

大学是社会的良心，是天才的渊薮，是文化与思想的栖息地。独立思想和传统的精神是大学的灵魂，创新的意识、自由的思想、人文的传统是大学最重要的精神支柱。由于历史的不同，以及地域文化与学科差异的影响，世界上的每一所大学都有自己的传统和精神，都有自己独特的文化和性格。透过一所大学可以观察到一个城市乃至一个国家的精神气质。

大学也是每一位学子梦想开始的地方，屹立于世界科技与人文顶峰的大学并没有因为它们的辉煌与显赫而盛气凌人，它们向每一位求职者敞开了自己的胸怀，无数的学子在这里挑灯夜读，品位它的历史与现实，在这里他们懂得了只要拥有超越自身的勇气和信心，未来就不再是遥远的梦想，四年寒窗是他们人生中最美好经历。

认识一所大学，可以树立一个梦想；树立一个梦想，可以创造一个人生。本书深入挖掘了世界上著名大学创立的历史，剖析了这些一流大学治学育人的精神，展示了这些学校的标识、校训和办学理念，致力于挖掘每一所大学所独具的魅力，通读本书，可以激励青少年读者努力拼搏，以实现自己的远大理想。翻开此书，也许你会邂逅决定你一生的情缘。

目 录

第一章 美国名校

第二章 英国名校

第三章 澳大利亚名校

第四章 加拿大名校

第十三章　日本名校

第十四章　中国名校

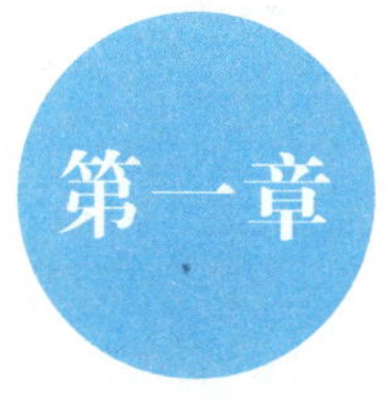

美国名校

360多年前移民美国的清教徒创立全美第一所大学——哈佛大学后，美国的高等教育继承了欧洲古老大学如英国剑桥大学和牛津大学的传统，发展到今天已有2600多所颁发学士、硕士及博士学位的四年制大学，而两年制的社区学院则多达3400所。美国的高等教育系之所以能够走在世界的前列，享誉国际，这与其广泛的课程设置、尖端的科技、对研究的重视、专业的教学和培训、灵活性、留学生关怀服务以及丰富多彩的校园生活是分不开的。

哈佛大学
——全世界最著名大学

性　　质：私立

位　　置：马萨诸塞州，波士顿市

成立时间：1636 年 9 月 8 日

院系设置：法学院、医学院、商学院等 10 个研究生院和 2 个本科生院

特色学科：经济、生物、政治科学、生物化学、英文

校　　训：与柏拉图为友，与亚里士多德为友，更与真理为友

哈佛大学是美国最古老、最著名的大学。“先有哈佛，后有美利坚合众国”，这充分证明了哈佛大学在美国历史上的地位。

历史掠影

哈佛大学，创立于 1636 年，是一所私立大学，原名坎布里奇学院，位于马萨诸塞州波士顿剑桥城。

1620 年，英国清教徒移民到普利茅斯，16 年后，遵照马萨诸塞最高法院的表决，建立坎布里奇学院。最初，学校由教会主办，是清徒们传播宗教理想的地方，从这里毕业的学生也多从事牧师职业。

1638 年，牧师约翰·哈佛把自己的图书馆和一半财产捐赠给了学校，为纪念哈佛的慷慨捐赠，坎布里奇学院于 1639 年 3 月 13 日更名为哈佛学院。

1708 年，校长约翰·莱弗里特成为第一个不是牧师的学校管理者，标志着哈佛大学成功摆脱宗教，走向独立办学的道路。

1780 年，哈佛学院改为大学。后来又陆续开设了神学院、法学院和医学院。

1869 ~ 1909 年，埃利奥特校长将哈佛大学从一个“省级”学院建成一所“全国性的”大学，不仅法学院和医学院重获新生，而且还诞生了商学院、艺术和科学学院。同时，学生的数量和捐款的数量也都有了大幅的增长。

1909 ~ 1933 年，洛厄尔担任哈佛大学校长，他改革了本科生教学，开创了学生可以跨学科自由选课的先河。

1953 ~ 1971 年，内森·马什·普什校长发动了美国历史上最大的募捐运动，为哈佛募集到了 8250 万美元，从而提高了教师薪酬，设立了新的教授职位，增加了助学金数量和学校设施。

当今神韵

哈佛大学主要校区位于波士顿以西数公里的查尔斯河沿岸，占地约 154 公顷。法学院、肯尼迪政府学院等围绕着古老的哈佛校园如七星拱月一般，河对岸是商学院。哈佛大学每个学院风格不同，文化各异。

哈佛大学现有 10 个研究生院及 2 个本科生院，大学还拥有如国际事务研究中心、教育政策研究中心、环境设计研究中心等许多著名的研究中心及植物园、天文台、博物馆和 50 多个科学、工程、医学、考古实验室。

现在，哈佛大学规模庞大，常被人戏称为“哈佛帝国”。全校正式注册有 18000 名学位候选人，另外还有 13000 名非学位学生在其扩展学院学习。教职员工超过 14000 人。

哈佛大学在严格意义上讲是一个非营利组织，但是这并不妨碍哈佛大学采取先进的手段、有效地管理，使它的品牌不断增值。哈佛大学的管理机构有董事会和监

▼ 哈佛大学校园

事会。哈佛大学校长像一个职业经理人一样，是由董事会聘任，并由监事会成员认可的。监事会30人，是从历届校友中选举产生的。他们的任务就是调查研究，为改进教学、科研和管理提出建议。

哈佛大学经费来源除了政府的研究资助，就是捐款。目前哈佛已有180多亿美元的捐款，这些捐款由一个强大的投资管理公司——哈佛管理公司进行投资，使之保值增值。如今，来自投资的收益成为哈佛每年收入中最大的一项，占32%。

对知识、财产绝对的尊重奠定了哈佛大学世界一流学府的地位。你可能想不到，进入哈佛大学的第一课要学的就是正直诚实的求学作风。

一进校园，每人就会得到一本哈佛学生指导手册，上面写着“Don’t plagiarize!”“Plagiarize”源自希腊文，原意是“偷别人的孩子的人”。现在的意思是：剽窃。“我们的思想就是我们的孩子，如果你未经注明，就引用了我们的思想，就是偷了我们的孩子！”这种解释非常形象。

哈佛每年都有“因误用了别人的IDEA”而被迫离去的学生。如果你认为自己是一个诚实的人，这种事绝不会落到自己头上的话，是过于自信了。我们或许不会有意去剽窃，但是“不小心”的可能性有多大呢？对于中国人来说，要大得多。

每年上万毕业生的论文，每年数百本教授们的专著都有着“真金白银”价值！这是一笔什么样的财产！它们在得到尊重的同时也在增加着哈佛大学的身价！

哈佛大学许多学院至今仍实行“末位淘汰制”，这使得哈佛学子每天保持着竞技状态。哈佛学生中有一个有趣的习俗，每年新年前夜哈佛校园里有学生“裸体奔跑”活动。据说这种活动已有上百年历史，是因为期末考试压力太大，学生们寻求刺激所致。

正是由于学校的严格制度和学生诚实的求学作风才使得哈佛拥有数不清的“世界第一”，比如：全世界大学中最大的图书馆系统，藏书达1000万册。据说，把

◀ 哈佛大学纪念馆

里面的书架连接起来，长度可达 91 千米。

哈佛大学精英榜

全美大学中最有名的教授也在这里。当然，从哈佛大学学成毕业的校友也同样是社会上的精英。

300 多年来，哈佛共经历了 27 位校长。现任的哈佛大学校长萨莫斯曾是哈佛最年轻的终身教授，教授政治经济学。后来离开哈佛，官至美国财政部长。2001 年他与原副总统戈尔竞争哈佛校长这个职位。最后哈佛选择了萨莫斯。

到目前为止，哈佛大学共出过 8 位美国总统，这 8 位总统为：约翰·亚当斯(美国第二任总统)、约翰·昆西·亚当斯、拉瑟福德·海斯、西奥多·罗斯福、富兰克林·罗斯福(连任四届)、约翰·肯尼迪、乔治·沃克·布什，以及现任美国总统贝拉克·侯赛因·奥巴马。

哈佛有 33 位诺贝尔奖获得者，其中的 8 位：

理查兹：因确定化学元素中原子重量的研究成果，于 1914 年获诺贝尔化学奖。

乔治·明诺特：因致力于对贫血病的肝治疗法取得成功，于 1934 年获诺贝尔生理学和医学奖。

珀西·布里奇曼：因研究各种物质在极高强度的压力下产生的变化，于 1946 年获诺贝尔物理学奖。

爱德华·珀西尔：因发现测量原子核中磁场的核共振法，于 1952 年获诺贝尔物理学奖。

弗里兹·李普曼：因证实了一种蛋白质“辅酶 A”以及发现认识蛋白质的基本方法，于 1953 年获得诺贝尔生理学和医学奖。

约翰·恩德思：因应用组织培养法，培养出骨髓灰质炎疫苗，于 1954 年获得诺贝尔生理学和医学奖。

弗雷得里克·罗宾斯、托马斯·韦勒：因将组织培养法用于研究病毒性疾病，于 1954 年，与约翰·恩德思共同获得诺贝尔生理学和医学奖。

乔格·贝克西：因在研究耳朵对声波的反应时发现了行波，于 1961 年获得诺贝尔生理学和医学奖。

还有一大批知名的学术创始人、世界级的学术带头人、文学家、思想家，如诺伯特·德纳、拉尔夫·爱默生、亨利·梭罗、亨利·詹姆斯、查尔斯·皮尔士、罗伯特·弗罗斯特、威廉·詹姆斯、杰罗姆·布鲁纳、乔治·梅奥等。著名外交家、美国前国务卿亨利·基辛格也出自哈佛。

哈佛与中国

2000年，一个叫刘亦婷的小女孩写了一本书叫《哈佛女孩刘亦婷》，风靡全中国，创下将近200万册的销售纪录，刘亦婷也成了公众人物。一时间，“哈佛大学”成了中国人心目中炙手可热的名字。

其实，很早就有中国留学生远赴重洋，到达大洋彼岸的哈佛寻找深造的机会，而且不乏佳话。1945年，王安公派赴美留学，临行时疏忽，忘记带上成绩单，居然就凭着上海交大的信誉，幸运地进入到美国第一流的哈佛大学，毕业后创办了著名的王安公司。

哈佛大学的中国留学生，胸怀大志，为开拓中国的现代科学技术和文化教育事业做出了不懈的努力，他们包括：

赵元任，语言学家、作曲家，1915年入哈佛攻数理哲学，1918年获哲学博士学位；

林语堂，作家，获哈佛大学文学硕士学位；

竺可桢，中国现代地理学和气象学的奠基人，1913年入哈佛大学研究院地质系攻读气象学；

梁实秋，文学家，1924年入哈佛大学研究院。

哈佛是中国人尤其向往的世界第一等学府，也必将有越来越多的中国人选择来到这里留学深造。

斯坦福大学
——21 世纪科技精神的象征

性　　质：私立
位　　置：加利福尼亚州，帕拉托市
成立时间：1885 年
院系设置：商学院等 7 个学院
特色学科：生物、经济、心理学、英文、政治科学
校　　训：自由之风劲吹

如果说，哈佛与耶鲁大学代表着美国传统的人文精神，那么，斯坦福大学则是 21 世纪科技精神的象征。

历史掠影

1876 年，老斯坦福在帕拉托市购买了 263 公顷土地作为养马牧场，后来又扩大到 3237 公顷，这就是今天斯坦福大学校园的雏形。

老斯坦福出生在一个富裕的农场主家庭，曾担任过加州州长，拥有中央太平洋铁路公司这样的大型公司。然而不幸的是他的爱子小斯坦福早逝，悲痛的斯坦福夫妇于是决定将他的 2000 万美元的积蓄和他在帕拉托的 3237 公顷的土地用来创建一所宏伟的大学，以此纪念自己的爱子。

1891 年 10 月 1 日，斯坦福大学举行开学典礼。

当时纽约的报纸曾预言没有人会到蛮荒之地的西部上这所大学，“教授们将在大理石教室里，面对空板凳讲课”。但大学揭幕之日，意想不到的却是车水马龙。第一届男女学生共 559 人，教授只有 15 名，其中一半来自康奈尔大学。在这首批学

生中，产生了一位后来美国的总统胡佛。

斯坦福大学从一开始就与美国东部的传统学校不同。当时大多数大学只收男生，这里则男女合校；大多数学校都与宗教团体相关，这里则没有宗派；大多数教育只跟随前人的脚步，这里则倡导实践，培养有文化的、对社会有用的公民。

1893 年老斯坦福在睡梦中去世。可祸不单行，他的财产也被冻结。在这样艰难的情况下，斯坦福夫人没有打算停办学校，她竭尽全力维持学校的运转。斯坦福夫人卖掉她的铁路股票，将 1100 万美元转给大学董事会，斯坦福大学的危机终于过去。正如当时的校长乔丹所说："这所大学的生死命运，千钧一发全系于一个善良夫人的爱。"

转眼进入了 20 世纪，如果说 1920 年斯坦福大学还只是一所"乡村大学"，但到了 1960 年，它便名列前茅，到 1985 年它已被评为全美一流大学。

斯坦福大学的腾飞得益于一个关键的人物，1959 年时任工学院院长的特门提出了一个构想——这便是斯坦福大学的转折点：将 1000 英亩土地以极低廉、只具象征性的方式长期租给工商业界或毕业校友设立公司，再由他们与学校合作而达到提供各种研究项目和学生实习机会的目的。

从此，斯坦福成为美国首家在校园内成立工业园区的大学。斯坦福使自己置身于美国的前沿，工业园区内企业一家接一家地开张，不久就超出斯坦福所能提供的土地范围，而向外发展扩张，从而形成了美国加州科技尖端、精英云集的硅谷。

▼ 斯坦福大学为美国的新一代小企业家的摇篮

当今神韵

作为一所独具特色的私立大学，斯坦福大学在美国乃至全世界都享有极高的声誉，在 1999 年美国大学最新综合排名中与麻省理工学院并列第四位，2000 年在《美国新闻与世界报道》最新综合排名中与宾夕法尼亚大学并列第 6 位。

斯坦福大学在短短 100 多年的历史中，已培养了 1 位美国总统，25 位诺贝尔奖获得者，142 位美国艺术科学院院士、84 位国家科学院院士和 14 位美国国家科学奖得主及数不胜数的企业家：今天的斯坦福大学与硅谷的紧密结合更确保了斯坦福大学在世界上的领先地位。

斯坦福大学和东海岸的名牌院校一样优秀，甚至在诸多方面是全美国最好的。医科、电子、电机工程、环境工程、统计学、石油工程、生物化学、计算机工程、工业工程、航天工程、数学、化学、物理、地质科学、化学工程、土木工程等学科都排名前十名。

显然，这是一所注重理、工、医学科的综合性大学。但是该校的法学，社会科学系和人文科学系也毫不逊色，在全美具有很大的名气。其中心理学、历史学、大众传播、戏剧、工商管理 (MBA)、经济学、英语等学科在美国大学相应领域排名中居于前六名。斯坦福大学要求学生文理兼顾，做既有理科知识、又有人文修养的全才学生。

斯坦福大学商学院和哈佛大学商学院被认为是美国最好的商学院，这两所学院多次在美国权威杂志的商学院排名中并列第一。哈佛商学院代表比较传统的经营管理培训，培养的是“西装革履式”的大企业管理人才；而斯坦福商学院则更强调开创新科技新企业的“小企业精神”，培养的是“穿 T 恤衫”的新一代小企业家。

斯坦福总共有 720 名 MBA 学生，只有一种叫 Sloan 的企业管理人才培训计划，为期 10 个月，每年只招收 50 人左右。从学生人数来说，斯坦福商学院的规模要比哈佛商学院小很多。但是要从学生素质来说，在全美的 730 多个商学院中，没有一所商学院的入学竞争有斯坦福商学院这样激烈。最近几年来，每年都会有五千到六千人申请进入斯坦福商学院，但是只有 360 位幸运者如愿以偿。从这个角度来说，斯坦福商学院是美国“身价”最高的商学院。之所以如此最主要的原因是学校要保证教学质量，保证学生的高素质和高标准。

▲ 斯坦福大学图书馆

目前，斯坦福大学共有在校学生 1.4 万人，设有 30 个图书馆，不仅藏书 650 多万册，而且全电脑化管理。斯坦福大学基金雄厚，经费充足，教学设备也极为充裕。校内设有 7000 多部电脑供学生使用，亦设有多个电脑室及电脑中心为学生提供服务。学生可利用网络与校内的师生联系。此外，校内的体育设施也很多，有能容纳 8.5 万人的体育馆、高尔夫球场和游泳池等，充分体现了校园面积大的好处。

斯坦福大学拥有世界一流的师资，主要教授都是相关领域的翘楚，聘请的“重量级”教授包括：15 位诺贝尔奖得主、20 位美国国家科学奖得主、191 位美国人文与科学学会成员。

斯坦福大学精英榜

比尔·休利特：HP(惠普) 公司联合创始人之一；

戴维·帕卡德：HP(惠普) 公司联合创始人之一；

朱棣文：华裔 1997 年诺贝尔物理学奖获得者；

莱德：美国第一位女宇航员；

杨致远：雅虎创办人之一，华裔美国人；

王文华：台湾作家及节目主持人；

费翔：美籍华裔歌手；

谢尔盖・布林：Google 创办人之一，俄裔美国人；

拉里・佩奇：Google 创办人之一；

陈岳鹏：香港汇贤智库的政策发展总监；

李泽钜：香港商人李嘉诚之长子；

黄蓝萱：中国台湾数学家，微分几何学家；

梅里莎・梅尔：Google 公司搜索产品和用户体验部门的副总裁。

斯坦福与中国

迄今为止，斯坦福大学已经为我国培养了不少科技界的精英。比如我国著名的植物分类学家斐鉴，著名医学家、中国科学院生物学部委员张孝骞，国际知名数学家李骏（斯坦福大学教授，复旦大学长期特聘教授，世界华人数学家最高奖——晨兴数学金奖得主）。

谢家麟院士也曾就读于斯坦福大学，他 1947 年赴美留学，1948 年获加州理工学院硕士学位。1951 年获斯坦福大学博士学位。1980 年当选为中国科学院院士，现为高能物理所研究员，谢家麟院士曾获科学大会奖 3 项；国家科技进步奖特等奖及二等奖各 1 项。

神童邹求真是斯坦福大学的中国留学生，CDMA 这项世界通信顶尖技术的主要研制者，他原是南京东南大学少年班的大学生。15 岁初中毕业直接考入大学，1992 年，18 岁的邹求真被举荐到斯坦福大学深造。

在斯坦福任教的老师中也有一些中国人，比如 1997 年诺贝尔物理奖获得者朱棣文。

创业奇才杨致远是斯坦福大学的学生。杨致远在斯坦福大学写博士论文期间，发明了最早的网站搜索软件。1995 年他放弃即将完成的博士学位建立雅虎公司，将网络搜索引擎商业化。

麻省理工学院
——世界理工大学之最

性　　质：私立
位　　置：马萨诸塞州，波士顿市
成立时间：1861 年
院系设置：工科、商科等 6 个研究生院
特色学科：工程、电脑科学、数学、化学
校　　训：既学会动脑，也学会动手

麻省理工学院是美国一所综合性私立大学，有“世界理工大学之最”的美名。经过 150 年的发展，麻省理工已经成了一所和哈佛齐名的世界一流学府。

历史掠影

1865 年 2 月 20 日在波士顿市中心的商业图书馆响起了麻省理工学院第一堂课的铃声，麻省理工学院由此开始走了成功之路。

麻省理工学院创建之初，适逢美国南北战争，只有 15 名学生。创办人罗杰斯认为通过教学与研究并且专注社会上的实际问题是培养专业能力的最好方法。于是，150 年来麻省理工学院都致力于适合实际的教学和研究。

当今神韵

麻省理工学院坐落在马萨诸塞州美丽的剑桥小镇上，剑桥镇紧挨波士顿，这一带是著名大学城，集中了 5 所百年以上历史的名校，麻省理工学院则被公认为全美最好的理工类大学。

经过近 150 年的发展，麻省理工学院现已有学生近万名，并且已被世界公认为与牛津、剑桥、哈佛等老牌大学齐名，是一所以理工科为主、综合性的世界一流大学。

秉承着将教学与实践结合在一起，使学生们在毕业后能从容应对比课本中更复杂的实际问题的办学理念，麻省理工一直将科学研究放在首位。

麻省理工学院是一所“科技学校”。

这里所有的科学系都出类拔萃，走在全美国大学科技的前端。电子工程和电脑科学是全美国公认的第一。生物医学工程、化学工程、机械工程、物理，以及规模不大的航空系和天文系都是声誉极高的专业，医学科技、生物工程都是该领域的领袖。

学校共有近 1000 位教授，1 ∶ 10 的低师生比例确保了这么多优秀学生都能得到第一流的指导。学校聘请的教授都是在各自领域的佼佼者，11 位在职教授还曾被授予过诺贝尔奖。在麻省理工学院的历史上，总共有 55 位校友和教授获此殊荣，其中就有在 2001 年获和平奖的前联合国秘书长安南，1994 年获诺贝尔经济学奖的约翰·纳什。

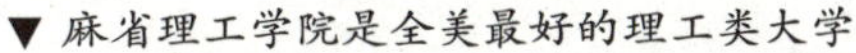

▼ 麻省理工学院是全美最好的理工类大学

▲ 麻省理工学院正门入口

麻省理工学院的学生都是来自世界各国最优秀的理科人才。全校现有近 4000 名本科生和 6000 名研究生，其中大约 1/4 是来自 108 个国家的外国学生。

麻省理工精英榜

保罗 · 克鲁格曼：获得 2008 年诺贝尔经济学奖，1977 年获得麻省理工学院经济博士学位。

郝慰民：获得 2007 年诺贝尔和平奖，1983 年获得麻省理工学院生物硕士学位。

埃克里 · 马斯金：获得 2007 年诺贝尔经济学奖，前麻省理工学院经济学教授。

乔治 · 斯穆特：获得 2006 年诺贝尔物理学奖，1966 年获得麻省理工学院双学士学位（数学和物理）。1970 年获得麻省理工学院物理博士学位。

安德鲁 · 法厄：获得 2006 年诺贝尔生理学或医学奖，1983 年获得麻省理工学院生物博士学位。

理查德 · 施罗克：获得 2005 年诺贝尔化学奖，现任麻省理工学院化学系正教授。

丁肇中：获得 1976 年诺贝尔物理学奖，现任麻省理工学院物理系正教授。

理察·费曼：获得1965年诺贝尔物理学奖，1939年获得麻省理工学院物理学士学位。

劳伦斯·萨默斯：哈佛大学的第27任校长，1975年毕业获得麻省理工经济学博士学位。

诺姆·乔姆斯基：是麻省理工学院语言学的荣誉退休教授，乔姆斯基的《生成语法》被认为是20世纪理论语言学研究上最伟大的贡献。

巴兹·奥尔德林：因踏上月球的人而闻名，1962年获得麻省理工太空工程博士学位。

本·伯南克：现任美国联邦储备局主席，1979年获得麻省理工学院经济学博士学位。

麻省理工与中国

我国第一位进入麻省理工学院的留学生是张克忠，他于1923年进入麻省理工学

▼ 麻省理工学院建筑

院攻读当时一门新兴的学科——化学工程学。从此，他一生的生命指针便指向了化工。学院中被人们戏称为化工“鼻祖”的著名教授路易斯亲任张克忠的导师，他非常惊讶张克忠这样一个来自科学落后的国度的学生竟有着这样好的数理化功底和英文水平。路易斯教授执意把自己最得意的学生张克忠留在麻省理工学院，先后3次为他安排职位。一面是工作生活条件都优越的美国，一面是科学上还是一片荒芜的贫困的祖国。出于一片赤子丹心，张克忠选择了后者，义无反顾地拒绝了导师的好意，返回祖国。

贝聿铭：世界级建筑师，1940年获得麻省理工学院建筑学学士学位。

张忠谋：台湾集成电路制造公司董事长，1952年获省理工学院机械工程学士学位；1953年获省理工学院机械工程硕士学位。

叶乃裳：加州理工学院物理系迄今唯一女教授。

张朝阳：搜狐首席执行官，麻省理工学院物理学博士。在他的记忆中，麻省理工无异于天堂一样的地方，给了他无限的空间。在张朝阳的领导下，搜狐已成为中国领先的新媒体、互联网技术、通信及电子商务公司。

加州大学
——美国最具影响力公立大学

性　　质：公立

位　　置：加利福尼亚州

成立时间：1853 年

院系设置：伯克利、戴维斯、艾维恩、洛杉矶、莫斯德、河滨、圣地亚哥、旧金山、圣特芭芭拉、圣特克鲁兹 10 个相对独立的分校

特色学科：工程、化学、语言学、微生物学、计算机科学、地理物理学

校　　训：愿知识之光普照大地

加州大学是美国最具影响力的公立大学之一，其伯克利分校、旧金山分校、圣地亚哥分校和洛杉矶分校都是世界一流的学府。

历史掠影

加州大学起源于 1853 年建立在奥克兰的私立加利福尼亚学院。

1866 年加州议会常设委员会根据林肯总统签署的《莫里尔土地赠予法案》决定建立一所“农业、矿业和机械工艺学院”，但苦于没有合适的校园，而当时的私立加利福尼亚学院正缺乏办学资金。后来人们就想到了将两者合而为一，创办一所综合性大学。

1868年加州州长签署法案在私立加利福尼亚学院的旧址上创办加利福尼亚大学。

加州大学在伯克利、戴维斯、艾维恩、洛杉矶、莫斯德、河滨、圣地亚哥、旧金山、圣特巴巴拉和圣特克鲁兹的分校均是世界级的教育和科研机构。

当今神韵

美国加州大学是世界上最大的一所公立大学，目前拥有 10 所分校，3 所法学院，5 所医学院和教学医院。加州大学还管理 3 个国家实验室。

自 1939 年以来，该大学出过 61 位诺贝尔奖获得者。大学在国家科学院的成员人数和研究所获得的发明专利数量超过美国的任何大学。加州大学的学术项目名列前 10 位，学术研究领域涉及 150 多个学科，是世界上研究范围最广的高等教育研究机构之一。

伯克利分校

加州大学伯克利分校是全美最好的公立大学，学术声望享誉全球。加州大学伯克利分校 1868 年创建于奥克兰市，1873 年迁至伯克利市，1952 年采用现校名。1997 年和 2000 年全美公立大学排名中伯克利分校独占鳌头，位居第一。该校的本科生获

▼ 加州大学

得博士学位的人数比其他任何美国大学的都多。

加州伯克利大学就像一个百花齐放的“学识城市”。校园多元的建筑风格和学校的气氛都体现了“学识城市”的理想。最具代表性的钟楼、大学图书馆和希腊剧场等建筑物体现了欧洲古典思想的优美、典雅和尊严。而其浓郁的人文色彩，与周围其他建筑风格较为现代化的大楼，形成了强烈的对比。尽管如此，这两种迥然不同的建筑风格并没有使校园杂乱无章。相反的，校园在古典和现代风格的相互交融下，展现了人类智慧的多元性质。

伯克利分校是美国最激进的两所大学之一(另一所为哥伦比亚大学)。20世纪60年代的嬉皮文化、反越运动、东方神秘主义文化、回归自然文化都起源于这里，最近二十年来，在高科技的浪潮下，伯克利分校又在缔造新的神话。由于地处硅谷边缘，学校毕业生中出现了许多的新型高科技人才。毕业于该校工程系的英特尔公司总裁安得鲁便是其中的代表。

圣地亚哥分校

加州大学圣地亚哥分校建于1964年，位于美国加利福尼亚州的拉乔拉，是一所非常年轻但知名度较高的综合性公立大学。

加州大学圣地亚哥分校有着宽裕的联邦教育经费与世界级的研究实验室教室设备和专业图书馆等，这些优越的办学条件使其在各种权威校际评鉴中，始终名列前茅。圣地亚哥分校现有约18000名学生，校内各种设施样样齐全，奥林匹克游泳池、最先进的健康运动设施中心、书店、戏院、音乐厅、各种不同口味的餐厅、社团文化中心等，应有尽有，在此学习的你将有机会体验到真正的美国式大学生活。

学校设有数十个学科专业，大部分具有很强的教学和科研实力，可以授予硕士、博士学位，其中化学、语言学、微生物学、西班牙语、物理学、心理学等学科在美国大学相应领域排名中居于前20名，具有较大的影响力和较强的实力。

加州大学圣地亚哥分校拥有5万多平方米的校园，一向以科学研究著称。除了英文相关研习课程外，本校还针对医学院学生开医学英语课程，让有志出国进修的学生增进英文能力。历史上曾有16位诺贝尔奖获得者出自该校。

圣地亚哥分校有着坚强的师资阵容，其理科师资排在全美公立大学的首位，其教师中还产生了5位诺贝尔奖得主和1位宇航员。

学校现有在校本科生2万多名，他们中间有95%的人在高中时都是班上的优秀生。

▲ 加州大学图书馆

洛杉矶分校

加利福尼亚大学洛杉矶分校是一所位于美国加利福尼亚州洛杉矶的公立大学。UCLA 是美国商业金融、高科技产业、电影艺术等专业人才的摇篮。它是加利福尼亚大学系统中的第二所大学，与加州大学伯克利分校齐名，是美国最好的公立大学之一。它是南加州地区入学竞争最激烈的学校，也是整个加州最大的大学。

80 多年的发展让洛杉矶分校从单纯的两年制大学发展成了国际性的研究大学。其优越的学术成就使得该校排名长期保持在全美前 10 名，学校历年来投入研究的经费是其他学校的 3 倍以上，足见其对学术品质的重视。

洛杉矶分校许多的科目已经是全国甚至是世界最顶尖的。不仅拥有地理物理学和行星物理学研究所、分子生物学研究所、大脑研究所、生物医学和环境科学实验室、克伦普医疗工程学研究所、牙科研究所等知名的科研教学设施，而且聚集着一批在国际上享有很高知名度的大腕学者，同时每年还有大批访问学者来到这里，洛杉矶分校已经是一个名流汇集、科研成果层出不穷的地方。诺贝尔奖得主李远哲博士亦为该校杰出校友之一。

洛杉矶分校设有近 100 个本科专业，半数以上可以授予硕士，博士学位，其中人类学、艺术、化学、土木工程、古典文学研究、计算机科学、经济学、电气工程、英语、地理学、德语、历史学、语言学、数学、机械工程、音乐、哲学、西班牙语、心理学、生理学、统计学、动物学等学科具有极强的实力，在美国大学相应领域排名中均居前 20 名。

而洛杉矶分校课程的多样化也是冠盖全美。从熟知的社会学科、商业学科、工程生化、法律医学外，洛杉矶分校有关于电影电视制作、行销公关及广告的科系是全美国最好的，是好莱坞娱乐圈的精英诞生摇篮。其传统的运动项目，如篮球、田径及美式足球的成绩更可说是冠盖全美。

现在，洛杉矶分校有 163 栋大小不等的建筑物及 169.5 公顷的校区，共有 11 个专业的学院及文理学院。全校共有大约 36500 名学生。大学图书馆有 750 万册的藏书，学术资源相当丰富。

▼ 加州大学伯克利分校

耶鲁大学
——最悠久的私立大学

性　　质：私立

位　　置：康涅狄格州，纽海芬市

成立时间：1701 年

院系设置：本科学院、艺术科学研究生院、医学院、神学院、法学院、美术学院、音乐学院、林业及环境学院、护理学院、戏剧学院、建筑学院、管理学院

特色学科：生物学、历史学、经济学

校　　训：真理和光明

耶鲁大学是世界上最早设立人文和艺术学科的大学之一，拥有众多一流的人文科学系和人文科学研究计划，其英语系和历史系排名位居全美大学之首，耶鲁的名气和它的美丽、庄严，以及夕阳西下时站在校园中央向四周环视时那种凝重的历史感吸引着世界各地优秀的学子们。

历史掠影

1701 年，耶鲁大学创立于美国康涅狄格州的吉灵伍斯，即首任校长彼埃斯的家乡所在地，最初称为教会学院。

1716 年，教会学院迁址到康涅狄格州的纽海芬市，并于 1718 年以学校捐物人耶鲁的名字命名为耶鲁学院。耶鲁当时捐献了 9 大包商品和 417 册书籍，以及英国乔治一世国王的一幅画像及其部分武器。

1787 年耶鲁学院改称耶鲁大学。

1846 年，耶鲁大学开设了研究生课程，次年建成研究生院。

1865 年成立了艺术学院。此后，音乐、森林、护理、戏剧、管理、建筑等学院相继成立。

1861 年，耶鲁大学授予北美第一批博士学位。

1876 年，耶鲁成为第一个向黑人授予博士学位的美国大学。

1892 年，第一批女博士研究生进入耶鲁大学。但是，直到 1969 年耶鲁大学才真正成为一所男女合校的大学。

当今神韵

一座座直逼蓝天的钟楼巍峨坚定，满园浓艳似火的丹枫，烘托着人们对于真理、知识的热切向往和执着探求。每当耶鲁的象征——哈克尼斯塔悠扬的钟声和小教堂管风琴的合鸣在纽海芬上空萦绕回旋时，一种对于这座人文科学殿堂的景仰之情就

▼ 耶鲁大学是最悠久的私立大学

▲ 耶鲁大学图书馆

会在人们心头油然而生。

耶鲁大学是世界上最早设立人文和艺术学科的大学之一，拥有众多一流的人文科学系和人文科学研究计划，惠特尼人文科学研究中心是耶鲁大学的骄傲，使耶鲁成为美国高等教育界人文科学研究的高地。其英语系和历史系排名位居全美大学之首，哲学系的师资力量也相当雄厚。

今天的耶鲁大学主要由三大部分组成，即耶鲁本科学院，耶鲁艺术科学研究生院和十大专业学院。十大专业学院分别是医学院、神学院、法学院、美术学院、音乐学院、林业及环境学院、护理学院、戏剧学院、建筑学院和管理学院。此外，学校还有众多研究机构、图书馆和博物馆等。

耶鲁大学拥有大量全美优秀的专业，文科的历史、英语、法语、德语、政治学、音乐专业，理科的生化、分子生物、数学、物理专业在美国大学中名列前茅，而法学院更处于数一数二的位置。福特与克林顿总统都是耶鲁大学法学院的毕业生。

耶鲁大学的学业非常重。它要求每个学生修完36门课(其中8门可以是只记及格、不及格的)，而其他大学一般只要求32门课。耶鲁大学的学生必须从四大领域里各选修3门课。

耶鲁大学创造了一系列美国之最，美国第一所有资格授予博士学位的大学；藏书1100万册的图书馆是全美大学最大的图书馆；英国艺术中心是英国本土之外最大的英国艺术收藏馆。

耶鲁大学现有学校教职员工总数8071人，学生总数11385人，其中本科生5000余人，研究生人数多于本科生人数，由此可知学校教学的侧重点。由于学生来源优秀，加上学校对学生学业要求严格，可以说到耶鲁大学攻读学位一定能获得一般普通学校所无法拥有的一流教育。

从1789年以来的美国内阁中，耶鲁大学毕业生中先后产生过5位美国总统。在内阁成员中，有9%的成员来自耶鲁大学，美国最高法院十余位大法官都曾在耶鲁大学学习。担任美国企业领导的耶鲁大学校友，数量远远超过其他大学，耶鲁毕业生成为众多著名大学的创始人或第一任校长，如普林斯顿大学、康奈尔大学、约翰·霍普金斯大学、哥伦比亚大学、芝加哥大学等，并因此将“美国学院之母”的桂冠奉献给自己的母校。

最著名组织骷髅会

在美丽的耶鲁大学校园内，有一幢希腊神庙式的小楼，几扇狭长小窗终年紧闭，整幢建筑笼罩着一种神秘色彩，这个并不起眼的建筑就是美国最神秘也是最有权势的同学会所在地。这里从不对外人开放，始终保持着自己特立独行的诡异色彩和精英风格，而且它还有一个令人不寒而栗的名字叫“骷髅会”。骷髅会成立于1832年。每年春天，在骷髅会的会所内都会迎来15名大学三年级的新成员。骷髅会有着极其神秘的入会规则，更令人望而生畏的是它的会员名单，从这个骷髅会里走出了3位美国总统、2位最高法院大法官，还有无数美国议员以及内阁高级官员。经过170多年的繁衍生息，从美国白宫、国会、内阁各部、最高法院以至于中央情报局，骷髅会的成员几乎无所不在。

耶鲁大学精英榜

耶鲁大学造就了灿若群星的各界知名人物：电报的发明者摩尔斯；1755年发明潜水艇和鱼雷的科学家戴维·布什内尔；词典编纂学家诺亚·韦伯斯特；演员梅丽尔·斯特里普、保罗·纽曼；还有那位著名的美国民族英雄内森·黑尔。

耶鲁大学还培养了数不清的美国政治人物和社会名流，其中包括现任副总统切尼、第一个通过民选而获得参议员职位的美国第一夫人希拉里，民主党副总统候选人利伯曼、前国务卿范锡、前国务卿万斯、印第安纳州州长罗伯特·奥尔、密苏里州州长约翰·阿合克罗夫特、俄亥俄州州长理查德·塞莱斯特等。

耶鲁大学以人文学科著称，出现了1837年创办的美国《科学》杂志，有“美国教育之父”之称的小本杰明·西利曼，IBM公司前董事长约翰·艾克斯，联邦快递创始人史密斯，韩国国务总理李洪九等一些政界商界文化界精英也毕业于耶鲁大学。

耶鲁与中国

如今，数十所或许数百所美国的大学已经和中国的同行建立了各种各样的合作关系，而先驱者却是耶鲁大学，早 150 多年前耶鲁大学就与中国建立联系。

耶鲁大学与中国的关系比任何一所大学都悠久和深邃，它有将近 2/3 的历史与中国密切相连。150 年前在耶鲁大学获得文学士学位的中国人容闳的画像悬挂在耶鲁大学的殿堂。在耶鲁大学“贝茨楼”的大厅中央，立着一尊令中国人无限敬仰的容闳铜像。铜像由珠海市政府捐赠。容闳 1828 年(清道光八年)生于广东香山县，1847 年赴美求学，3 年后考入耶鲁大学，并于 1854 年从耶鲁大学毕业。回国后他在 1872 年至 1875 年间，曾先后组织 4 批共 120 名中国少年赴美留学，是中国留学事业的先驱和开拓者。

著名铁路工程专家詹天佑、经济学家马寅初、1894 年中日甲午海战英雄吴应科、华人设计师贝聿铭、教育家晏阳初、英国语言文学专家李斌宁等先后负笈耶鲁大学，并以卓著的成就闻名遐迩。

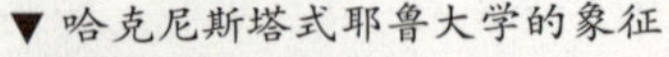
▼ 哈克尼斯塔式耶鲁大学的象征

哥伦比亚大学
——最古老的常春藤大学

性　　质：公立

位　　置：纽约市，曼哈顿

成立时间：1756 年

院系设置：医学、法律、MBA

特色学科：生物学、历史学、经济学

校　　训：在上帝的神灵中我们寻求知识

作为美国最古老的“常春藤联合会”成员之一的哥伦比亚大学，不仅拥有得天独厚的地理位置，更有一流的师资队伍和一流的科研水平。“让学生学习什么，用什么方法教育学生”是哥伦比亚大学教育学生和进行课程设置的原则。

历史掠影

哥伦比亚大学位于纽约市曼哈顿，是典型的城市大学。哥伦比亚大学正门内那两尊遒劲挺拔的希腊雕塑巍然屹立，守护着哥伦比亚大学的教育理想——科学和艺术。

哥伦比亚大学的历史可以追溯到 1756 年。当时，纽约州议会通过一项法案，决定采用出售有奖证券的形式，集资在纽约兴办一所以人文、科学和语言为主的高等学府。1756 年大学成立，初定名为“国王学院”。同年 7 月，首任校长塞缪尔·约翰逊在曼哈顿百老汇街上的一所新房子里主持了第一批 8 名学生的开学仪式。

在建校的第一年，由于学生少，从校长、教授到行政主管的职务，都由塞缪尔·约翰逊一人兼任。当时学生接受教育的目的是，拓宽视野，加深理解，完善自身，以成就今后的辉煌事业。

独立战争使国王学院停顿了 8 年，美国独立后，为了纪念发现美洲新大陆的哥伦布，改名为“哥伦比亚学院”。到了 19 世纪后半期，哥伦比亚学院迅速崛起，成为一所现代大学。法学院、矿业学院、师范学院相继建立。政治学、哲学、基础科学等学科研究生师资力量的增长使得哥伦比亚学院成为美国最早的研究生教育中心之一。

1896 年，学院理事会正式授权学校使用新名字——哥伦比亚大学。

当今神韵

哥伦比亚大学位于纽约市中心，校园内有山有林，环境幽雅。站在校园中央的月晷旁，望着四周红砖铜顶的校舍，俨然生活在世外桃源之中。

作为一所常春藤大学，哥伦比亚大学吸引美国与世界学子前来求学。其主要原因是学校拥有强大的师资队伍、一流的教育水平和先进的科研设备。在哥伦比亚大学的教员中，有 8 位是美国国家科学奖章得主，89 位是美国艺术科学院的现任院士，42 位是美国国家科学院现任院士。

▼ 位于曼哈顿的哥伦比亚大学

哥伦比亚大学现共有 16 个学院，69 个系。69 个系所彼此并不完全隶属，有些甚至在行政、人事和经费上完全独立。其中以教育学院、商学院、法学院、国际关系和新闻学院最为出名。

法学院的校友是纽约法律界的天之骄子，新闻系的毕业生也大多是三大电视网的中坚分子。

美国的新闻、文学、艺术领域的第一大奖——闻名全球的“普利策奖”就是由哥伦比亚大学新闻学院主持颁发的。

哥伦比亚大学教育研究生院是世界上最大的教育学、应用心理学和心理健康学方面的综合研究生院，它拥有众多的研究中心，是美国上述学科最好的研究生院之一。

哥伦比亚大学还拥有 26 所颇具规模的图书馆，藏书 600 多万册，居全美第六。由于纽约是美国东部地区的文化中心，使得其中的东亚图书馆的图书出借率是全美最高的。

另外，哥伦比亚大学新闻学院的图书馆收集了近 20 年来的《纽约时报》，教育学院的图书馆则收藏了美国 70 年来的中小学教科书和世界主要国家的中、小学教科书。

在历年的全美高等院校综合排名和学术水平评比中，哥伦比亚大学的综合得分始终名列前茅。其中的国际关系学院具有与联合国总部同处一地的优势，学术水平很高。师范学院一度被《美国新闻与世界报道》列为全美教育研究生院排行榜第一，在全美排行前列的还有：医学院、法学院、商学院、社会工作学院等。

哥伦比亚大学作为一所世界闻名的综合性研究型大学，经过 250 多年的发展和全校师生员工的不懈努力，目前 70%的院系和专业达到了世界一流水平，处于领先地位。

哥伦比亚大学精英榜

哥伦比亚大学被誉为培养政治、经济领袖人物的摇篮。迄今，哥伦比亚大学法学院已培养出了许多的著名人士。

两位美国最高法院大法官：哈兰·菲斯克·斯通和查尔斯·伊万斯·修斯。

美国第 34 届总统德怀特·艾森豪威尔曾是哥伦比亚大学第 13 任校长。

不仅如此，在文学、体育、科学等许多领域，哥伦比亚大学都培养了许多杰出的人才：

心理学家桑待克、进步主义先驱柯普居、实验主义教育大师杜威都出自哥伦比亚大学教育学院；美国抒情诗人和音乐喜剧作家奥斯卡·哈默斯坦，中国观众熟悉并喜爱的音乐喜剧《音乐之声》就是他的作品之一；激光、调频广播的发明，也是来自哥伦比亚大学的杰作。

哥伦比亚大学与中国

哥伦比亚大学与中国一向有极深厚的渊源，许多早期的学者与政界名人都出身该校，如胡适、顾维钧、马寅初、冯友兰、吴文藻、陈公博、宋子文和著名核科学家姜圣阶等。近期的倪文亚、李焕、张京育、吴舜文等。另外，在目前国内学界、政界中，亦有不少哥伦比亚大学的校友。

哥伦比亚大学有近60名校友获得诺贝尔奖。1957年与杨振宁一起获得诺贝尔奖的李政道是该校物理系教授。为杨李二位的理论假设做出实验证明的实验物理学家吴健雄也是该校著名的华裔物理学教授。

哥伦比亚大学的东亚图书馆亦以中文藏书丰富而名闻全美，早在1901年，该校就开设了丁龙中文讲座，并开始收藏中文资料。

著名的女主播杨澜曾经就读于哥伦比亚大学，并且作为优秀的中国传媒人士，杨澜获得了哥伦比亚大学国际关系学院和亚洲校友会联合授予她的“杰出成就奖”。

▼ 哥伦比亚大学图书馆

第二章

英国名校

一提到英国的大学，中国人的第一个反应就是牛津和剑桥，其实英国的优秀大学还有很多。英国高等教育的历史发源于11世纪，经过了一千多年的发展，现在英国的高等教育系统已经拥有33所老大学，22所当代大学和56所新大学，共计111所英国国立大学。

剑桥大学
——优美的田园式风光

性　　质：公立

位　　置：剑桥郡，剑桥镇

成立时间：1209 年

院系设置：三一学院、皇后学院、国王学院、达尔文学院、沃尔森学院、圣埃德蒙学院格顿学院等 35 个学院

特色学科：理学、文学、法学、史学、医学、工学

校　　训：此地乃启蒙之所，智识之源

徜徉在剑河岸边，国王学院、皇后学院、三一学院、菲茨威廉美术馆……历史悠久的百年学府和经典建筑俯仰皆是，那高大精美的校舍、庄严肃穆的教堂和爬满青藤的红砖住宅，都矗立在满城的绿树红花间，绿色葱茏，古意盎然，令人沉醉。

历史掠影

剑桥大学是世界著名十大学府之一，成立于1209年，大学位于风景秀丽的剑桥镇，著名的康河横贯其间。剑桥大学是世界知识重镇，拥有悠久的历史文化传统和优美的田园式风光。

据说，剑桥大学最早是由一批为躲避殴斗而从牛津大学逃离出来的学者建立的。亨利三世国王在 1231 年授予剑桥教学垄断权。

1284 年，第一所学院——彼得豪斯学院出现。之后，新的学院不断建成，但在 17 ~ 18 世纪中，剑桥没有再能建立新的学院。

现在，剑桥有 35 个学院，包含 3 个女子学院，4 个专门的研究生院，各学院历

史背景不同，内部录取步骤也各不相同，每个学院在某种程度上就像一个小型大学，有自己的院规院纪。

三一学院是剑桥最著名的学院，原为 1324 年建立的迈克尔豪斯学院，后于 1546 年改为现名，历年来共出过 30 位诺贝尔奖获得者，现拥有的本科生人数居于各学院之首。

剑桥大学的 3 所女子学院分别是 1869 年建立的格顿学院，1871 年建立的纽纳姆学院，1954 年建立的休斯大厅学堂。

1536 年，实行宗教改革的亨利八世下令学校解雇其研究天主教教规的教授们并停止教授“经院哲学”。从此剑桥大学的教学和研究重点从宗教和神学转为希腊和拉丁经典、圣经和数学。今天的剑桥基本上涵盖了所有的自然科学、人文学科。

当今神韵

剑桥大学位于伦敦北面 50 千米以外，这所举世闻名的大学没有围墙，也没有校牌，整个校园郁郁葱葱、气韵自华。在大片公园和草坪中，点缀着座座古色古香的教堂

▼ 剑桥大学城

▲ 三一学院大门

和学校建筑，令人宛如置身于雅典娜智慧皇宫之中。

目前在剑桥大学工作的教职员工共7000名，教师中有7名诺贝尔奖获得者，英国皇家学会会员近百名，95%的教师拥有博士学位。有学生16900名，其中包括近7000名研究生，72%的研究生来自其他大学，研究生中42%是国外留学生。

剑桥大学的学术活动，包括全校性的教学和研究，都由作为大学行政机构的几个学院来组织。此外，还有一个与这些学院相似的系级委员会。学院之下，还有系一级的组织，再以下则是部。

剑桥大学拥有62个系，其中有29个理科系、33个文科系，各系都有自己的教学大楼和图书馆。共约有20个实验室。众多系中尤为著名的是物理系，最著名的实验室是卡文迪什实验室。

至20世纪80年代，围绕剑桥各类实验室兴办起来的企业获得巨大发展，这类高科技公司创造了英国经济中著名的“剑桥现象”。

剑桥大学还是英国的名校联盟“罗素集团”和欧洲的大学联盟科英布拉集团的成员。

剑桥大学精英榜

剑桥大学是具有800多年历史的世界著名学府，除了诞生了一大批科学巨匠外，查尔斯王子、威尔士王子、爱德华七世、玛嘉丽皇后等皇室显贵也出于其间，今天，剑桥大学作为获得诺贝尔奖学者最多的大学，在世界高等学府中依然居于显要的地位。

牛顿：英国伟大的物理学家、天文学家和数学家，经典力学体系的奠基人。

弗兰西斯·培根：英国著名的唯物主义哲学家和科学家。第一个提出“知识就是力量”的人。

约翰·弥尔顿：英国著名诗人、政论家。

拜伦：英国诗人。

达尔文：英国生物学家，进化论的主要奠基人。

汤姆逊：1906 年诺贝尔物理学奖获得者，英国著名物理学家，电子的发现者。

查尔斯·汤姆逊·里斯·威尔逊：1927 年诺贝尔物理学奖获得者，英国实验物理学家。

卢瑟福：1908 年诺贝尔化学奖获得者。

桑格：英国生物化学家，在科学界两次荣获诺贝尔化学奖的第一人。

20 世纪以来，剑桥仍旧是人才辈出，包括 3 任英国首相，凯恩斯经济学派的创始人凯恩斯，有数学家和分析哲学的创始人罗素，传记家和评论家史特拉赛，短篇小说家福斯特，生物化学家和科学史家李约瑟等都出于剑桥大学。

印度前任总理尼赫鲁、甘地、马来西亚前总理赫曼、新加坡前总理李光耀等都是剑桥校友。

剑桥与中国

从 20 世纪初就开始有中国的学生到剑桥大学留学，徐志摩的《再别康桥》把我们带入一个充满浪漫和诗意的地方，令我们仰慕，令我们遐想。他曾满怀深情地说：“我的眼是康桥教我睁的，我的求知欲是康桥给我拨动的，我的自我意识是康桥给我胚胎的。”浓浓的康桥情结挥之不去。

徐志摩作为我国 20 世纪初诗坛上十分活跃的一位诗人，他同时又是一个颇有争议的诗人，文学史家对他评价历来不一，其实他是一位思想敏锐而又才华横溢的诗人。

华罗庚是国际上享有盛誉、成绩卓著的数学家，中国科学院院士。他惊人的科学成就，从难从严，一丝不苟，严谨治学的精神更是为世人所赞叹和景仰。

剑桥大学为中华民族培养了许多有为之士。除中国著名作家徐志摩外，还有萧乾、叶君健等作家。除著名数学家华罗庚外，还有张文裕、蔡翘、陈立、王应睐、刘佛年、王鸿祯、朱既明、王竹溪、戴文赛、伍连德、丁文江、王选、李林等科学家。

牛津大学
——英语世界最古老的大学

性　　质：公立

位　　置：牛津郡，牛津市

成立时间：1167 年

院系设置：法学院、新学院、赛德商学院等 44 个学院

特色学科：法学、经济学、科学、艺术和人文学

校　　训：一个人学习得越多，知道得越多；知道得越多，忘记得就越多；忘记得越多，知道得就越少，那么为什么要学习呢？

牛津大学有历史、有世界声誉，是英语世界最古老的大学。它在英国社会和高等教育系统中具有极其重要的地位，也有着世界性的影响。英国甚至全世界教育界，言必称牛津；世界很多的青年学子们都以进牛津为最高理想。

历史掠影

1167 年英国牛津大学在泰晤士河谷地的主要城市牛津建立。牛津确实与牛有关，传说是古代牛群涉水而过的地方，因而取名牛津。

牛津是中古世纪时期，泰晤士河上的重要渡口。所谓津者，渡口之意也，小城因此而得名。牛津地理位置又居于南英格兰的中心，所以也成为当时陆路要冲。南船北马在此交会，一个繁荣而热闹的市集，逐渐在这里形成。

如今，虽然渡口已不复存在，但当时的老渡口遗址，仍然经常徘徊着热闹的访古者。河上荡泛的游舫，双双对对撑船的男女，加上堤岸上拥挤的游客，更能勾勒出一幅当年渡口的繁荣景象。

牛津大学城在伦敦西北方，路程约 96 千米。牛津大学是国际备受尊崇之教学与研究中心，它的悠久历史和崇高地位，辉映在那些雄视着牛津市的古典和优雅的建筑中。

迄今为止，牛津大学已有 800 多年的历史。公元 1167 年，英王亨利二世禁止英国学生入读巴黎大学。随后，一批学识渊博的学者迁居牛津，并把这里发展成为英国经院哲学教学和研究的中心。最初的科系设置有神学、法律、医学和艺术，还有一些自然哲学、伦理学等方面的课程。

牛津最早成立了 3 个学院。当时欧洲的另外两个学术中心分别是法国的巴黎大学和意大利的波洛尼亚大学，这些学术研究和人才培养机构的建立，对当时古希腊、罗马文明的重新发现和系统整理、研究起了举足轻重的作用。新学院附近还保留着一段牛津古城堡的城墙。

当今神韵

牛津并不只是依赖它过去的辉煌。今天的牛津，仍然源源不断地吸引着来自世界各地学有所成的精英和志存千里的学子。

牛津大学一直在不断追求新的发展，在资讯技术日益发达的今天，牛津大学除

▼ 坐落于伦敦西北方的牛津大学

▲ 牛津大学小教堂

了在文史哲、法律、经济等人文社会学科一直保持明显的优势之外，在高新技术的研究开发方面也保持着学科前沿的位置。牛津的生物化学系是西方同类院系中最大的一个，多样化，跨学科研究是该系的一个显著特征。它拥有雄厚的师资力量，30多名教授获有院士头衔。生化系目前的主要研究领域集中在分子基因学分分子细胞生物化学和生物结构学方面。它的实验室里拥有核磁共振、蛋白质结晶和分解、DNA排序等设备。

2001年5月5日，牛津大学投资1500万英镑成立了世界上第一个互联网学院，主要从事互联网的研究及其对社会的影响。此外，牛津开设的工商管理课程也很受学生们的欢迎，塞德商学院是全欧洲发展最快最有声望的管理学院之一，学院有相当一部分教师来自于著名的大公司。

作为英语国家中最古老的大学，牛津大学在世界大学之林里享有崇高的国际声誉。世界一流的学术研究设施、雄厚的师资队伍、近千年营造的优良传统和人文环境使这所大学和这座城市有一种独特的魅力，吸引着各国学生学者前来求学和做学问。

牛津大学精英榜

牛津大学是一所在世界上备受尊崇的超一流的教育、教学与研究中心。牛津建校800多年来，造就了无数的政治家、哲学家、文学家、科学家、社会活动家以及其他各类专家，牛津引以为自豪的是拥有40多位诺贝尔奖得主。

罗吉尔·培根：曾在牛津学习和任教，是近代实验科学的先驱。

亚当·斯密：经济学家、《国富论》作者。

哈雷教授：哈雷彗星的发现者。

雷恩爵士：对英国建筑影响深远的科学家。

罗伯特·胡克：被誉为英国皇家学会“双眼和双手”的科学家。

迈克·林可：英国网络界首位亿万富翁。

杰里米·边沁：哲学家。

约翰·威克利夫：历史上第一部完整的英译本《圣经》的组织者、开英国宗教改革先声。

约翰·韦斯利和查尔斯·韦斯利：18世纪发起宗教复兴运动，创立卫理公会，现代文学家雪莱、格林、王尔德、赫胥黎、高尔斯华绥都出其门下。

印度前总理英迪拉·甘地、包括撒切尔夫人在内的20多位英国首相以及克林顿等外国首脑等都曾求学牛津。

我国著名学者钱钟书、吕叔湘、陈佳洱等曾在这里读书。

牛津大学与中国

长期以来，牛津大学与中国的研究人员在政治、经济、环境、医学、语言文化、历史、地理等研究领域有着广泛的交流与合作。牛津大学图书馆里有关中国的藏书和资料种类丰富，是英国其他任何一所大学或机构都无法相提并论的。

1935年，钱钟书在清华大学毕业后，通过英国庚款奖学金考试进入牛津大学，在爱克塞特学院攻读英国文学。夫人杨绛则跟随他到牛津旁听。留学期间，钱钟书和他的夫人杨绛在博德利图书馆读了大量的英文原著。在牛津的岁月，是钱钟书学术生涯中相当重要的一个阶段。1937年，钱钟书完成了他的毕业论文《十七、十八世纪英国文学中的中国》，获得优等荣誉学位。

◀ 牛津大学图书馆

伦敦大学
——世界上规模最大的大学之一

性　　质：私立

位　　置：伦敦

成立时间：1836 年 9 月

院系设置：大学学院、帝国学院、英王学院、政治经济学院、亚非学院等 53 个学院

特色学科：法学、经济学

校　　训：知识就是力量

伦敦大学是一所由多个学院联合组成的学府（联邦制大学），亦是世界上规模最大的大学之一。

历史掠影

19 世纪以前，英国只有牛津和剑桥两所大学。1827 年，在诗人托马斯・坎贝尔的呼吁下，打破宗教信仰的伦敦大学学院成立了，但是当时未能获取皇家办学特许状。

1831 年，英国教会在伦敦建立国王学院，但因为不信教人士的反对也未获取皇家办学特许状。

1836 年，英国国会颁发皇家特许状，伦敦大学学院及伦敦国王学院合并成伦敦大学，成为英国的第三所大学。

1849 年，伦敦大学规定，学生可在英帝国的任何一所大学就读，再由伦敦大学进行考试并颁发伦敦大学的学位，这种校外学位制度是伦敦大学的首创。后来，不在大学学习的学生也可以向伦敦大学申请学位，这有力地促进了函授教育发展，成

了远程高等教育的开端。

20 世纪 60 年代，随着英国高等教育的迅速发展，伦敦大学的规模也急剧扩大。经过近 160 年的发展壮大，现已成为英国规模最大、学科设置最全的一所大学。

伦敦大学本身实际上没有校园，也不开课，它是将主要学院统一在一起的联合体，学生可以进入其中任何一所学院学习。伦敦大学在市中心有一家图书馆，所有联盟成员学院的学生都可以使用。除各个学院拥有单独的学生会之外，还有伦敦大学学生会。

伦敦大学之所以能发展成为全国最大的高等学府，主要是因为它始终坚守创业者所奉行的办学原则。170 多年来，该校稳步发展并且在许多领域开了先河，如在全国率先建立了化学、物理学和生理学 3 大实验室，最先确认英语和英国文学的学术研究价值，最早开设工程学专业。于 1878 年在英国第一个准许女生入学攻读学位，并于 1912 年首次任命女教授，率先于 1948 年在英联邦委任一名女性副校长。

当今神韵

伦敦大学是由 53 个学院、研究院组成的联盟，可以分四部分：大学高等学院、大学医学院、高等研究院、校外学院。

▼ 风采依旧的伦敦大学

▲ 伦敦大学全景

大学高等学院为独立机构，有自己的行政管理机构。其中伦敦大学学院诞生于1828年，是19世纪初自由主义运动的产物，也是伦敦大学数十所学院中建校历史最长规模最大的学院。其他高等学院还有伦敦英王学院、皇家理工学院、伦敦经济学与政治科学学院等。

大学医学院和高等学院一样也是独立机构。医学院包括英国医学研究生联合会、查林·克罗斯与威斯敏斯特医学院、伦敦医院医学院、玛丽女王与韦斯特菲尔德学院、皇家医学研究生院等。

高等研究院由伦敦大学委派的行政机构管理。

联合组成伦敦大学的各个学院和研究所分散在大伦敦地区，享有高度的自治权。在多数实际场合中，这些学院被作为独立的大学对待。根据英国法律，这些学院中有些是“认可机构”，有权颁发自己的学位，另外一些则是“指定机构”，提供伦敦大学学位的课程。

伦敦大学的其他主要学术机构还包括伦敦大学天文台，伦敦大学视听中心，伦敦大学植物园，大学计算机服务部大学海洋生物学实验站。

伦敦大学的图书馆馆藏图书 140 万册，期刊 5500 种，此外每个学院和研究院均有自己的图书馆，其中大学学院的图书馆藏书量达 90 万册。

伦敦大学精英榜

彭雪玲：御用大律师。

米・积加：音乐家。

约翰・肯尼迪：美国总统。

伊藤博文：日本首相。

玛格丽特二世：丹麦女王。

克瓦米・恩克鲁玛：加纳第一任总统。

帕西瓦尔・帕特森：牙买加总理。

罗马诺・普罗迪：意大利总理，欧盟委员会主席。

小泉纯一郎：日本首相。

汤安诺：基里巴斯总统。

皮埃尔・特鲁多：加拿大总理。

伦敦大学与中国

伦敦大学有着悠久的招收全球各地留学生的传统，并与中国、马来西亚、墨西哥、德国和许多其他国家的大学建立了联系。目前，国际留学生在伦敦大学的学生总数中占了 10% ~ 15%。李光耀、徐志摩、龙永图等都是伦敦大学毕业的学生。

爱丁堡大学
——最古老的国际性大学

性　　质：私立

位　　置：苏格兰，爱丁堡市

成立时间：1583 年

院系设置：医学、文学、神学、法律、音乐、科学、医学、兽医学、社会科学 8 个院系

特色学科：法学、商学、化学工程、电子、计算机、语言学

校　　训：有知识者既能看到事物的表象，也能发现其内涵

爱丁堡大学是英国最古老的大学之一，既珍惜往日的荣誉，又在今天不断地追求、创新，以其出色而多样的教学与研究而享誉世界，是名副其实的国际性大学。

历史掠影

爱丁堡大学的前身是詹姆斯国王大学，由当时的苏格兰国王詹姆斯六世于 1582 年批准、1583 年成立，又因为该学院当时是受爱丁堡市政府的监督管理，所以又被称为爱丁堡大学。

爱丁堡大学是全英国六所古老大学中最晚成立的，但却是最具有划时代意义的大学——因为它不仅是苏格兰在宗教改革之后所成立的第一所大学，也是英伦三岛地区首所不受宗教政治约束管制、富于自由气息的大学。

爱丁堡市政府之所以支持成立一所自己的高等教育机构是有原因的。首要因素之一是为了给苏格兰地区的学子提供一个高等专业的场所，以免奔波至欧洲大陆求学。

在爱丁堡大学成立之前，苏格兰的学生若想追求在医学、法律及神学方面的专

业训练，大多都前往欧洲大陆，尤其是到荷兰的莱顿大学及乌特勒克大学学习。这些学成归国之士带回专业知识贡献乡里，也引进了以荷兰为本的新教精神及自由作风。所以苏格兰地区的四所古老大学的历史发展形态均和英格兰的牛津、剑桥有很大的不同——即此四所大学是属于所谓的大陆式大学。

当今神韵

爱丁堡位于苏格兰北部边境靠海的海滨，是苏格兰首府。爱丁堡大学则位于爱丁堡市中心，是公认的欧洲最富吸引力的城市之一，也是英国主要的社交、文化中心。爱丁堡市是历史名城，有许多名胜古迹，爱丁堡大学在爱丁堡扮演一个必不可少的角色。

爱丁堡大学坐落在苏格兰首府爱丁堡的南部，被誉为“苏格兰的雅典”。无论历史名气，还是现代影响，都足以让人称道不已。爱丁堡大学很多富有特色的建筑

▼ 爱丁堡大学充满了自由的气息

已经成为这个城市的象征。其中最具有代表性的是始建于18世纪末的大学本部。这幢椭圆形的城堡式建筑庄严古朴，气势雄伟，与处于城市中心的古堡交相辉映。爱丁堡大学与城市融为一体，电影、交响乐、戏剧应有尽有，学生们可享受丰富多彩的城市生活。

爱丁堡大学拥有第一流的医学院，其药学院、生物科学、人工智能等学科亦处于世界领先地位，其他强劲学科包括微电子、计算机、语言学等。除此之外，爱丁堡的120多个科系涵盖了艺术、神学、教育学、法学、音乐、实用科学、工程学、社会科学等各类学科。在英国教育部的教学和研究评估中，90%以上的科系拿到了前三个最高等级。大学每年获得的研究收入高达5700万英镑。

爱丁堡大学在校学生总数达到17000人，其中16%来自海外，他们来自100多个国家。爱丁堡大学的课程专业设置齐全，鼓励学生跨专业学习，研究生占学生总数的20%以上。它还设有外延式课程，使学生能够在国外学习一年非学位课程。

每年有来自世界各地的本科生和研究生赴爱丁堡大学学习，使爱丁堡大学成为一所名副其实的国际性大学。

爱丁堡大学精英榜

戈登·布朗：前英国财政大臣，现任英国首相；

朱利叶斯·尼雷尔：坦桑尼亚第一位总统；

尹善：韩国前总统；

▼ 爱丁堡大学被称为苏格兰的雅典

班达：马拉维独裁者；

查尔斯·达尔文：自然主义者，《物种起源》作者；

麦克斯韦：物理学家和电磁学之父；

柯南·道尔：《福尔摩斯》作者；

辜鸿铭：作家，通晓数种语言。

爱丁堡大学与中国

黄宽是和容闳同一年留学的中国第一位留欧学生，1850 年高中毕业后考取了爱丁堡大学，他前往苏格兰，读了 7 年医科。1857 年，黄宽从爱丁堡大学毕业回国，成为经过医科大学正规训练的第一位中国西医。

著名美学家朱光潜，在 1930 年获爱丁堡大学文科硕士学位。他毕生从事美学教学和研究，在西方美学思想和中西方文化研究方面造诣较深。

理论物理学家程开甲，1948 年获爱丁堡大学哲学博士学位，1980 年当选为中国科学院院士。程开甲是中国核武器研究的开创者之一。

束星北被誉为中国的爱因斯坦，国际级科学大师，被业内人士称为“天下第一才子”，他仅花一年多时间，就分获爱丁堡大学和美国麻省理工学院的硕士学位。他与爱因斯坦有直接交往，并深得英国物理学家玻尔、著名学者李约瑟等人的赞誉。中国最早的雷达就是他设计制造的。束星北回国后，在浙江大学和山东大学执教。

著名核物理科学家杨立铭院士、地震学专家马杏垣院士、全球第一个确定“非典”的钟南山院士都曾在爱丁堡大学学习。

第三章

澳大利亚名校

澳大利亚的高等教育质量与学术水平在国际上享有盛誉。澳大利亚的大学以启发及传授知识为基础，在国际学术界有着举足轻重的地位。从 1850 年澳大利亚第一所大学创立，到了 1911 年，澳大利亚每个大城市均已设有大学。时至今日，在全澳大利亚共有 38 所大学，另外还有提供培训的职业技术学院。澳大利亚政府从 1986 年起实施吸收海外留学生政策，之后来澳学生不断增加。不仅促进了海外学生与本国学生的文化交流，而且增添了多元文化的色彩。

澳大利亚国立大学
——唯一的联邦政府大学

性　　质：公立

位　　置：堪培拉市

成立时间：1946 年

院系设置：经济和商业学院、工程和信息科技学院、科学院、艺术学院、法学院、亚洲研究学院、音乐和视觉艺术学院

特色学科：光学、核物理、历史学、经济学

校　　训：重要的是弄清事物的本质

它的光学研究中心，凭借着光纤通信方面的研究成果，曾荣获马科尼国际奖；雷达与核物理的领头人奥利芬、青霉素发现者之一的弗洛里、杰出的历史学家汉考克、经济学家库姆斯，以及新一代众多知名学者让它熠熠生辉！它，就是澳大利亚国立大学。

历史掠影

澳大利亚国立大学于 1946 年建于澳大利亚首都堪培拉市中心，二战后由著名的澳大利亚籍科学家集体提议，经过澳大利亚联邦议会立法特批而最终建立的一所大学。

从 1960 年到 1992 年 30 多年的时间里，澳大利亚国立大学先后与堪培拉学院、堪培拉艺术学院合并，使大学的课程及教学内容得以增加。

澳大利亚国立大学立校的根本理念是“认识事物的本质”，而澳大利亚国立大学的师生也一直在实践中遵循着这一理念。

澳大利亚国立大学不仅是澳大利亚唯一的联邦政府大学，而且它还拥有澳大利

亚最优秀的师资力量，78%的教师拥有博士头衔，远远高于澳大利亚全国各大学的平均比例。学校现在还拥有10000名在校学生，其中包括海外留学生有1000多名。

澳大利亚国立大学更拥有一所声名远播的医学研究院。在这所研究院中先后有3位科学家因其中的研究成果荣获诺贝尔医学奖。它还将澳大利亚科学研究院1/3的院士揽于旗下。澳大利亚国立大学还是澳大利亚有关自然、物理以及科学、人文科学的主要研究中心，同时在创新性研究和教学方面它也均位于澳大利亚各大学的前列。

当今神韵

澳大利亚国立大学总占地226公顷，其整体环境自然优美。澳大利亚国立大学东与首都商业区相对，西侧靠近秀丽的格里芬人工湖，北倚守护神布来凯山，南面则临近首都金融区，这样的四周环境为其提供了最佳的建校环境。澳大利亚国立大学曾经是澳大利亚唯一一所专门从事研究的大学，并且该校连续数年在澳洲大学排名榜上夺魁。

▼ 澳大利亚国立大学入口

现在澳大利亚国立大学共拥经济和商业学院、工程和信息科技学院、科学院、艺术学院、法学院、亚洲研究学院、音乐和视觉艺术学院 7 大院系。而其不同的院系开设了不同的课程，比如：艺术学院开设了可视艺术、音乐、电动化艺术课程；研究院、研究单位和学术中心开设了生物、化学、物理、医学、地球科学、机械以及信息科学、社会学、太平洋地区和亚洲研究等研究课程。

这些课程大部分还是被作为研究生课程为学生所提供。所以该校的学生是以研究生为主，本科生为辅的大学。虽然学生总体规模不大，但学术氛围却很浓厚。与此同时学校还为研究提供了大量设施，其中包括核磁共振观察仪、高清晰度显微镜

▼ 澳大利亚国立大学现代化建筑

以及多功能望远镜，还有在堪培拉和新南威士州设置了观察中心。

拥有优良的教学水平和育人宗旨一直都是澳大利亚国立大学不变的信念。因此，在澳大利亚国立大学澳研究与教学总是密不可分的，相辅相成的。而因其教职人员的众多的努力，令澳大利亚国立大学的教学及研究水平更是获得了国际认可，并由此吸引了无数来自世界各地的留学生。而其近年来，在计算机应用及信息工程的教学和研究方面更是一直处于领先的地位。

澳大利亚国立大学在建校短短60年的时间里，却拥有了众多的世界知名专家。而其在英国伦敦皇家学会会员的数量，比所有其他41所澳大利亚国立大学会员的总和还要多！

澳大利亚国立大学拥有大量的现代化设施，其中包括设备优良的演讲厅和实验室，全澳洲大学中最先进的容量最大的超级计算机设备，UNIX等先进的电脑设备，与澳大利亚国立图书馆毗邻的世界级的校园图书馆。这一切都为其师生的学习和研究提供了最快捷的便利。此外，校园里有银行、酒吧、活动室和游戏室、各种俱乐部、健身中心、邮局和各类商店，而且还有众多提供廉价且适合各类口味美食的餐馆，更是为学生在学习之余能够拥有好的生活条件做了最为充足的准备。

澳大利亚国立大学与中国

2003年，清华大学和澳大利亚国立大学联合举办了管理硕士中外合作办学项目。其合作的目的就在于利用优秀的管理理念来培养符合和懂得我国国民经济发展所需要的创新管理人才。

而于2001年5月正式启动的由福特基金会资助的“缩小中国地区差距”的国际合作研究项目正是由澳大利亚国立大学与中国社会科学院财税研究中心合作完成。近两年来，课题组在中国境内的甘肃、四川、江西和陕西省进行了项目调查，形成了8份研究报告，其中有的建议已经被政府部门采纳。

悉尼大学
——澳洲第一大学

性　　质：公立
位　　置：新南威尔士州，悉尼
成立时间：1850 年
院系设置：文学、法学、经济、工程、医学、理学、建筑、农学、牙科、兽医
特色学科：医学、法律、文科、商科、音乐、海洋生物
校　　训：繁星纵变，智慧永恒

享有“澳洲第一校”、“南半球牛津”之称的悉尼大学是澳大利亚历史最悠久和最负盛名的大学，是世界范围内最优秀的高等学府之一。多年来，悉尼大学在教育与研究领域载誉颇丰，同时还在为工业、政府和其他群体提供建议以及引导舆论方面不断贡献着自己的力量。而其优美独特的校园环境更是吸引了众多慕名而来的外国留学生。

历史掠影

悉尼大学创建于 1850 年，在其校园内，传统与现代建筑交相辉映，壮观秀丽的海港和怡人清新的气候更为学生提供了优越的学习、生活环境。而其卓越的学术成就和优异的课程品质更是令其闻名遐迩。

悉尼大学开办时只招收男生，1881 年开始招收女生。第二次世界大战后该校由原本的私立学校改为公立。此后，悉尼大学便设有文学、法学、经济、工程、医学、理学、建筑、农学、牙科、兽医 10 个学院，其中文学院规模最大，一共拥有 21 个系。此外悉尼大学还设有原子研究基金会、伊丽莎白女王妇幼研究所、城乡规划研究中

心、澳大利亚语言研究中心、鲍尔美术研究所、戏剧排练场、悉尼师范学院、犯罪学研究所以及由联邦卫生部资助的公共卫生和热带医学学院。所设学科范围广泛，共有 80 余个专业授予博士学位。而在其下设的课程中，最为杰出学科包括医学、法律、文科、商科、音乐和海洋生物等。而作为国家最主要的科研组织之一的悉尼大学，其对澳洲的经济、文化及社会福利更是做出了巨大的贡献。

悉尼大学的另一个特色在于它古色古香，保留着澳大利亚传统的建筑和文化特色的校舍，当你漫步于这些古老的校舍之间时你会有一种犹如穿越时空，与时间并肩的感觉。而悉尼大学住宿学院分为：圣保罗学院（圣公会，1854 年），圣约翰学院，圣安德烈学院，女子学院，韦斯利学院，圣索菲娅学院 6 所根据宗教划分的住宿学院。

当今神韵

位于澳大利亚悉尼市的悉尼大学一直都致力于各种领域课题的研究，并已经获得了多项由澳大利亚研究委员会和国家健康与医疗研究委员会提供的竞投项目资金。而其以研究为主导的教学模式，不仅在全球享有很高知名度，而且更吸引了众多的合作伙伴机构与其进行研究合作、共同办学计划和教学人员与学生交换活动。

学校主持着两个 ARC 杰出中心、澳大利亚自动系统中心、光学系统超高带宽设备中心的研究工作，同时参与了量子计算机技术中心、澳大利亚国家信息与通信技术部和国际体育科学与体育管理杰出中心的各项工作。悉尼大学主持着 ARC 中心在聚合物胶体、农业机器人、显微术与显微分析、运输管理、设计计算与认知方面的研究工作同时还被作为 ARC 沿海城市生态影响特殊研究中心的研究总部。

▼ 悉尼大学位于繁华似锦的悉尼市

在 1998 年，大学被授予 80 项澳洲研究委员会的巨额拨款，这是澳洲所有机构中所获得的最大数目拨款。大学的研究中心由大堡礁的一树岛至达尔文的孟西斯卫生研究所，北至新州的华生植物繁殖所而被有策略地分布于澳大利亚各地。

悉尼大学精英榜

埃德蒙·巴顿：第一任澳大利亚总理。

约翰·哈瓦德：澳大利亚总理。

克里弗·詹姆士：作家和电视制作人。

约翰·考福斯：1975 年的诺贝尔化学奖得主。

鲍勃·梅教授：英国著名科学家。

詹姆士·沃尔芬森：世界银行主席。

约翰·哈森尼：诺贝尔经济学奖得主。

保罗·斯卡利鲍沃：NASA 航天员。

简·凯姆皮恩：电影导演。

杜可风：香港电影摄影师。

郭森若：澳洲驻韩国大使。

悉尼大学与中国

悉尼大学现有 3000 余名中国在校留学生，它与中国的合作由来已久，包括与中国领先的大学、行业和政府机构开展研究与教学合作。

2005 年，澳大利亚悉尼大学与中国国家留学基金管理委员会等教育机构签署了一系列合作协议。具体项目包括：与中国国家留学基金管理委员会、中国社科院建立固定的访问学者机制：与北京大学签署联合培养健康科学系博士生的协议年内在悉尼大学举办清华、北大等中国 25 所重点大学概况展览。

也是从同年起，悉尼大学每年从中国一流研究型大学选拔至少 2 名青年研究学者，前往悉尼大学从事 1 年的研究；每年还会从中国一流研究型大学选拔 6 人入读悉尼大学全日制研究型博士学位课程并提供奖学金；而 25 所中国大学也于 2005 年 10 月参加了悉尼大学举办的 2005 年中国教育展。

新南威尔士大学
——澳洲的麻省理工

性　　质：公立

位　　置：新南威尔士州，悉尼，肯辛顿

成立时间：1949 年

院系设置：艺术与社会科学学院、生命科学学院、科学技术学院、贸易与经济学院、工程学院、法律学院、医药学院、管理学院、文学院等 10 个学院

特色学科：工程、理科、建筑、地质、食品技术

校　　训：以人为本，与时俱进

新南威尔士大学是一所以理工科为主兼有文科学科的综合性大学，是亚太地区最优秀的大学之一。新南威尔士大学是澳大利亚最主要的教学和研究基地之一，曾入选《亚洲周刊》评选的“亚太地区最好的十所大学”。

历史掠影

新南威尔士大学位于悉尼市肯辛顿地区，它的前身是于 1843 年成立的悉尼机械研究院。在 1949 年，新南威尔士政府才开始将其改建成大学，当时初命名为新南威尔士理工大学，专注于工程学与科学。1958 年，改名为新南威尔士大学。新南威尔士大学的重心是科学技术的教育和研究，但同时还设有人文学科和商科，并且该校一直以为国家培养具备全面素质的人才为其育人理念。

新南威尔士大学自建校以来，几经变迁，随着社会的发展与时代的需要，不断改革和完善自身建设，规模一再扩大。1951 年该大学成立的纽卡斯尔学院与 1962 年成立的卧龙岗学院，分别发展成为现今的纽卡斯尔大学与卧龙岗大学。

▲ 新南威尔士大学士澳洲五星级名校之一

新南威尔士大学非常注重国际交流，而它独特的美国化办学风格，吸引了众多美国学生透过国际交换学生方案，前往该校就读。而学校更是鼓励在校学生要在大学期间前往世界其他优秀大学进行交流学习。

当今神韵

新南威尔士大学，是澳洲八大五星级名校之一，在新南威尔士州与悉尼大学并肩，以理工学科见长。

新南威尔士大学现有 10 个学院，1 个大学院，共 75 个系。10 个学院包括：位于帕丁顿的前城市的艺术学院，建立于 1997 年的生命科学学院与科学技术学院，还有艺术与社会科学学院，建筑环境学院，贸易与经济学院，工程学院，法律学院，医药学院，管理学院等。其中被称为澳大利亚国防军事学院的大学院是由澳大利亚国防部资助，其学员全部都是军校学生。

新南威尔士大学开设了包括艺术、社会科学、生态环境、商业与经济、工程技术、法律、生命科学、医学、科学技术等方面的200个本科、硕士、博士研究生专业课程。其还拥有研究中心78个，研究所3个，教学医院6所，是澳大利亚的重要科研基地之一，图书馆藏书更高达200万册。

新南威尔士大学现有33000名学生，其中外国留学生7000人左右。新南威尔士大学欢迎来自世界各地的入学申请者，从1952年起大学开始接受亚洲学生入读。在新南威尔士大学海外学生可以从学年中开始，最低学历要求大学一年级以上。高中2年级学生各种成绩优秀者和高中3年级学生(雅思5.5分)，可以先通过新南威尔士大学预科班学习，再进入大学学习。

新南威尔士大学与中国

新南威尔士大学为外国留学生设立了专门的留学生办公室，为各国留学生提供相应的帮助。中国留学生也在新南威尔士大学成立了中国学生联合会。

2002年6月，河北省教育厅与澳大利亚新南威尔士大学在河北省首届国际教育博览会上签订了长期合作协议。根据协议，双方将共同培养双语教学教育硕士。成绩合格颁发新南威尔士大学硕士学位证书及硕士毕业证书。

2008年，新南威尔士大学拿出30万澳元，作为10名硕士生的全额奖学金，定向招收来自中国地震灾区的学生，目的是为了帮助中国地震灾区培养人才。

第四章 加拿大名校

由于加拿大联邦政府没有设立教育部，其教育由各省负责，所以各省建立了适合自身发展、相对独立的教育体制，这就使得加拿大高等教育保持了较高的水准。加拿大有七十几所大学，而且教学质量优良，其中不乏国际知名一流学府，麦吉尔大学、哥伦比亚大学、多伦多大学，每年吸引众多海外学子前来求学和深造。

多伦多大学
——古朴典雅的现代化大学

性　　质：公立
位　　置：安大略省，多伦多
成立时间：1827 年 3 月 15 日
院系设置：文理学院、医学院、法学院、商学院等 16 个学院
特色学科：牙科、应用科学及工程、建筑、经贸、教育
校　　训：像大树一样茁壮成长

多伦多大学是加拿大最古老、最大的大学之一，其师资力量雄厚，研究一直是多伦多大学发展的重点，正努力成为全球十大最著名的公共研究大学之一。大学的专业从航天技术到动物园学无所不包，而且样样堪称一流。

历史掠影

多伦多大学创建于 1827 年，是由加拿大圣公会的领导精英约翰·斯特拉创立的。当年，他获得不列颠皇家特许令而建校，始称国王学院，是这块英国殖民地上第一所高等教育机构。

多伦多大学建在安大略省多伦多市。作为加拿大最美丽的城市之一，地处安大略湖岸边的多伦多，人口 300 万，它既是加拿大最大的城市，同时也是加拿大金融、工业和文化中心。这里治安稳定，生活环境舒适，适合留学生生活。再加上周围地区有不少世界著名学府，学习气氛浓厚，升学选择范围广泛。被美国《财富》杂志评为世界上最好和最适合居住的城市之一。

多伦多大学自成立以来，积累了丰富的办学经验，经过 100 多年的发展和变迁，

多伦多大学现在已经成为加拿大规模最大、学科最多、师资力量雄厚、设备先进齐全的一所综合性大学。

当今神韵

多伦多大学，是加拿大最大的一所现代化综合性大学，除主校园圣·乔治校园外，还有史喀波鲁校园和恩得尔校园两部分。主校园在市中心，其城市的喧闹衬托出它的宁静和典雅，古建筑和现代化建筑交相辉映，绿草如茵，古树参天，在古朴典雅中，显示出生机勃勃的现代大学气派。校园占地 65 公顷，设有 16 个学院，建筑物共约 230 座，主校园中有大学学院、医学科学楼、罗伯茨研究图书馆、西德尼·史密斯大厦、可夫勒学生服务中心等五大建筑。

多伦多大学有许多研究机构，科研成果世界闻名，它们大多同时从事培养研究生甚至培养本科生的部分工作。多伦多大学就像一个具有丰富学术背景的现代化大社区，学术上的优异性和综合实力上的领先性使得它当之无愧为加拿大最优秀的大学。

俄罗斯与东欧研究中心，是 1963 年在多大成立的加拿大同类机构中最大的一个，

▼ 多伦多大学是加拿大第一所高等教育机构

也是北美洲最大、最负声望的研究机构之一，它受命通过组织学术会议、促进与苏联东欧国家之间的学术交流、支持研究人员的个人研究和出版、对外交官和学生进行语言培训以及对政府或商界进行咨询服务等途径，完成了许多极有成效的工作。

其他研究机构还包括宗教研究中心、宗教改革和文艺复兴研究中心、中世纪教皇研究所、研究生戏剧研究中心、犯罪学研究中心等共 26 个研究机构。

安大略教育科学院所，建于 1965 年，是安大略省的事业机构，但学术领导属于多伦多大学。这是一个正在崛起的世界性教育机构，有不少留学生在这儿学习。该所的许美德博士，是国外研究中国教育的权威。

多伦多大学精英榜

多伦多大学有很强的研究能力，其研究经费，论文数量，加拿大首席研究员的数量都居加拿大第一位。所以在这里诞生了许多杰出的科研成果。例如：

1923 年，弗雷得利克・班廷与 J.J.R. 麦克劳德以他们(与查尔斯・贝斯特合作)的胰岛素在控制糖尿病中的作用的发现而获得了诺贝尔奖。

1986 年约翰.C.波兰尼以为激光开发取得突破性进展而获得诺贝尔奖。

1987 年 2 月，天文学家伊思・谢尔顿在智利的多伦多大学天文台发现了一颗脉冲星，后被人们定名为 1987A 超新星。

1989 年，那戚・崔、纽曼尔・布瓦尔德和杰克・里约丹等医学研究员，公布了他们分离出引起纤维囊肿的基因的研究成果。

多伦多大学培养了很多世界知名人物，他们中有：作家和剧作家罗伯逊・戴维斯，文学批评家、诗人玛格丽特・阿拉伍德，幽默作家斯蒂芬・李科克，电影名导演亚瑟・席勒和诺尔曼・吉维林，名演员唐纳德・苏尔兰德和雷蒙德・马赛，著名医生诺尔曼・白求恩，加拿大前总理威廉・莱昂・麦堪赛・金、亚瑟・梅因和莱斯特・皮尔逊。

多伦多大学与中国

加拿大历来为中国学生的留学上选。我国著名的力学家、教育家、社会活动家钱伟长是多伦多大学中最著名的中国校友。

18 岁那年钱伟长以中文和历史两个 100 分的成绩走进了清华大学的校园。1940

年9月20日，钱伟长到达多伦多大学，师从辛吉教授攻读应用数学；次年6月获得应用数学硕士学位；10月，完成博士论文；年底到美国加州理工大学航空工程系，师从冯·卡门教授。钱伟长提出的“钱伟长方程”对中国导弹计算、各种导弹火箭的空气动力学设计贡献至巨，成为我国现代力学的开山鼻祖。

林家翘，1937年毕业于清华大学物理系，1940年赴加拿大多伦多大学深造，1941年获多伦多大学硕士学位，1944年获美国加州理工学院博士学位，1962年起成为美国国家科学院院士，1994年当选为中国科学院外籍院士，2001年11月被聘为清华大学教授。

杨柏龄，原中国科学院副院长，化学激光和气体动力学专家，研究员。1980年赴加拿大多伦多大学学习，师从诺贝尔奖获得者约翰·波兰尼。杨柏龄长期从事化学激光的研究工作，在多伦多大学学习期间，独立研制成世界上第一台放电引发的溴化氢激光器。

曾繁典，为华中科技大学同济医学院临床药理学教授，博士生导师，医学伦理委员会主任。1962年毕业于武汉医学院医疗系，1981～1984年赴加拿大麦吉尔大学和多伦多大学研修心血管药理学及临床药理学。1986～1998年任同济医科大学基础医学研究所副所长。

曾强，1988年获清华大学经济管理学院硕士学位，后赴加拿大留学，获多伦多大学经济学硕士。现为实华开电子商务集团董事会主席兼首席执行官。2003年，实华开率先推出“全球采购网交会”，开创“后非典”时代全球采购新模式。

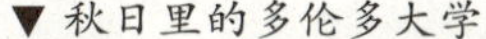
▼秋日里的多伦多大学

不列颠哥伦比亚大学
——世界上最美的校园

性　　质：公立

位　　置：温哥华

成立时间：1908 年

院系设置：医学院等 11 个学院

特色学科：农业经济学、动物学、森林资源管理、营养学、石油勘探研究、德语研究

校　　训：这是你的

不列颠哥伦比亚大学创建于 1908 年，位于气候温和，风景秀丽的温哥华市，美丽的校园，一流的学术环境，使得无数海外学子趋之若鹜。

历史掠影

不列颠哥伦比亚大学，简称哥伦比亚大学，是不列颠哥伦比亚省最早的大学，起初为研究性合作机构，后来逐渐发展为综合性大学，始建于 1908 年。

在只有 100 多年的时间里，不列颠哥伦比亚大学成为蜚声全球的研究中心，它拥有世界一流的具有艺术造型的设施，加上位于气候宜人，风光如画的温哥华市，因此每年吸引了全世界众多的学子前来就读。

在英属哥伦比亚省各大学中，不列颠哥伦比亚大学是学术水平最高的。在全加拿大最佳大学排行榜中成绩优异，在医学院及博士中新生入学成绩排名第四，学术声誉排名第四，国际声誉中总体表现排名第五，最佳品质排名第五，是国际上一流的高校。

哥伦比亚大学办校格言是：创建一所大学恰似向深水池里投下一块石头。当石头撞击水面时，便出现一个洞眼。然后，它便沉入水底，看起来什么也没有发生似的。然而，过不多久，便可以看到一圈圈的涟漪向外荡漾，而且一圈比一圈大。

当今神韵

不列颠哥伦比亚大学坐落于加拿大西海岸美丽的花园城市温哥华西面的半岛上，依山傍海，风景秀丽，占地面积 1000 英亩。是北美最漂亮的校园。而与校园齐名的，还有它的天然海滩。

不列颠哥伦比亚大学很多年以来一直是广大西部地区仅有的一所能与安魁两省众多名校相抗衡的学校。学校提供的专业和课程非常广泛，很多学科如生物等在加拿大甚至世界上均属一流。所有的工程方面的专业全部集中在应用科学学院，学生课程的深度往往不如东部名校，但毕业所需修习的课程数目一般更多，这更有利于学生选择适合自己的专业方向。

▼ 不列颠哥伦比亚大学坐落风景秀丽的温哥华市

▲ 哥伦比亚大学在加拿大最佳大学排行榜中成绩优异

然而不列颠哥伦比亚大学远离加拿大政治经济中心的安大略和魁北克两省，不像那里的学校在获得商业界和工业界的支持上近水楼台。不过另一方面，不列颠哥伦比亚大学优越的地理位置和一流的学术环境不但吸引了加拿大西部省份的众多学子，海外学生报读不列颠哥伦比亚太学的比率也很大,尤其深受亚洲学生欢迎。这里也是许多中国人聚居的地方。

为迎接新世纪的挑战，不列颠哥伦比亚大学确立了很高的学生培养目标，立志培养能适应全球不同文化、分析解决复杂难题和处理、利用大量信息的世界化公民。为此，校方在教育上锐意进取，不断改善学校的学术环境，百年老校仍处于蓬勃的发展状态之中。

不列颠哥伦比亚大学是加拿大西海岸一颗闪亮的明珠，入读该校使学生能够充分享受加拿大名校的高质量教学和学术积淀。在这一百多年的时间里，哥伦比亚大学为世界各国培养了无以数计的顶尖人才，它的声誉广为流传。

在校园里有200多幢建筑物,包括图书馆、行政楼、教学楼、科研中心、天文观测站，宿舍楼、附属机构、娱乐场馆、文化中心、医院、学生会楼和博物馆等。

学生会楼有餐厅、小食店、酒吧、复印中心，礼品店、保龄球场、询问台、摄影室、音乐室和妇女中心等。在博物馆里陈列着数千年历史的世界文化遗产，并展示了450多亿年的地球史。校园还有不列颠哥伦比亚省的科研理事会楼和联邦政府的渔业、林业与农业科学楼。

作为加拿大最高的研究学府之一，哥伦比亚大学提供多种教学大纲(课程)和学习机会，并允许学生自由选课。哥伦比亚大学定期邀请国际知名学者、科学家到该校做学术报告，学生在这里可以了解当今的学术动态。

学校设有农业经济学、动物学、森林资源管理，计算机学、营养学、石油勘探工程、地理学、艺术、英语、历史、德语研究等 70 多个专业。

哥伦比亚大学精英榜

哥伦比亚大学之所以成为世界名校，的确有它值得骄傲的历史，它不仅是美利坚合众国的摇篮，而且产生过很多在政治、经济、学术等各领域举足轻重的人物。在它的毕业生、教职员和校友中，有 58 人是诺贝尔奖获得者，这不仅在美国，在世界也是首屈一指的。

密尔顿：美国第一任财政部长（其肖像印在美钞 10 元纸币上）；

利文斯顿：美国第一任外交部长、《独立宣言》起草者；

普利策：以其突出成就而设立新闻奖；

艾森豪威尔：在校长任上被选为美国总统。

哥伦比亚大学与中国

哥伦比亚大学与中国有着悠久的合作关系。1988 年 12 月，清华大学校园网采用胡道元教授从哥伦比亚大学引进的采用 X400 协议的电子邮件软件包，通过 X.25 网与哥伦比亚大学大学相连，开通了中国电子邮件的第一次应用。

哥伦比亚大学非常重视亚洲和中国文化，开设了 130 门有关亚洲的课程。在亚洲研究中还设有中国研究中心。中文图书的藏书量达 20 万之多。针对亚洲人普遍存在的语言问题，哥伦比亚大学专门开设了适合亚洲特别是中国学生的英语课程，帮助他们通过 TOEFL 和 GRE。

哥伦比亚大学有许多的建筑是以中国人的名字命名的，如陈氏演艺中心、林思齐管理研究中心，亚洲研究院蔡章阁楼等。

学校亚洲广场矗立着从孔子家乡山东泰山漂洋过海运来的 5 块巨石。分别篆刻着仁、义、礼、智、信五个繁体字，代表孔子的道德观念。

哥亚伦比亚大学出了近代中国不少名人，如早期的胡适、陈公博、宋子文、顾维钧，近期的倪文亚、李焕、张京育、吴舜文等。

麦吉尔大学
——“北方哈佛”

性　　质：私立

位　　置：魁北克省，蒙特利尔市

成立时间：1821 年

院系设置：农业与环境科学院、人文学院、牙医学院、教育学院、工程院、法学院、管理学院、医学院、音乐学院、宗教学院等 23 个学院

特色学科：癌症研究、免疫学、遗传学、神经病学、电子工程、计算机工程

在加拿大，麦吉尔大学拥有很高的声誉，它不仅是加拿大的明星级大学，更是享誉世界的名校，被称为“北方哈佛”。医学、工程、自然科学与农业是麦吉尔大学最优秀的学科。

历史掠影

1813 年，蒙特利尔的毛皮巨贾詹姆士·麦吉尔在去世时捐出一万英镑和 46 英亩的土地用来成立皇家高等学院，这便是后来举世闻名的麦吉尔大学。

麦吉尔的诞生是充满艰辛的，由于遇到了一系列关于麦吉尔先生遗产的法律纠纷和资金的严重不足，建校的工作被一推再推。直到 1821 年，委员会才得到了英国皇家的特许状，并且象征性地任命了 1 名校长和 4 名教师，麦吉尔学院由此宣告成立。

此时的麦吉尔学院不具有任何实际的内容，只能说是徒有其名。经过 7 年的艰苦奋斗，1829 年 6 月，学院接收了蒙特利尔医学院，并在蒙特利尔老城的詹姆士街 20 号正式开课。

1835 年，麦吉尔学院接收了另外几笔捐款后。便在皇家山下修建了人文大楼和

道森大楼。1834 年工程完工，于是人文科学系加入进来。

那时的校园远在蒙特利尔市北郊区。交通十分不方便；校内荒草丛生，道路尘土飞扬。人文大道前的空地上甚至曾经允许教师们种菜、放牛。

第一学期来上课的只有 3 个学生，直到这一年年底，学生的总数也只不过 20 人。正是这最初的 20 名学生燃起了麦吉尔的希望之火，使之最终成为今天辉煌的世界名牌大学。

当今神韵

麦吉尔大学是所实力雄厚的私立大学。古色古香的绿顶子欧式建筑与现代化楼房相互辉映，构成蒙特利尔市中心独特的景观。

▼ 素有“北方哈佛”之称的麦吉尔大学

麦吉尔大学不但拥有大量的国际学生，而且很多世界上的知名学者也慕名而来。当年大物理学家卢瑟福便是在麦吉尔发现了原子的结构，使麦吉尔在欧美声名大噪。

同时，麦吉尔的医学院在加拿大首屈一指，是无数学子梦寐以求的地方。麦吉尔的学术研究水平之高可与美国常春藤盟校媲美。

然而，近 20 年来，由于魁北克的独立运动造成多伦多的崛起而使蒙特利尔“沦”为加拿大第二大城市，麦吉尔大学的发展也深受影响。不过麦吉尔的辉煌历史和学术上的非凡成就。使它长期以来获得了加拿大的哈佛之美名。

如今麦吉尔是加拿大唯一一所能与多伦多大学相提并论的大学。建校 180 年来，麦吉尔大学一直是蒙特利尔的骄傲，它孕育了加拿大最伟大的思想家和科学家，其中有 6 位获得诺贝尔奖。

麦吉尔大学在医学领域，尤其在癌症研究、免疫学、遗传学、呼吸道疾病和神经病学等方面均取得了很大成就。

麦吉尔大学校内的科研设施很完善，生态博物馆、物理博物馆、加拿大博物馆、植物园、植物标本室都有丰富的收藏品。自然保护研究中心及热带作物研究所有着先进的装备，校内的放射实验室配有先进的同步回旋加速器。

科研促进了教学。麦吉尔的教学水准被认为可与世界上任何一所大学相媲美。

▼ 麦吉尔大学孕育了加拿大最伟大的思想家和科学家

其学生也多次在国内外多种比赛中获奖。它的课程设置融合了英美大学的特色，并创造出了一套独特的教学体制。

目前，麦吉尔大学正在进行的重点科研项目有：微型机器人、神经再生与功能恢复、人类疾病的遗传基础、电信研究、生存发展、国际危机行为、海洋产品、本地劳动市场与经济重建的比较研究。

麦吉尔大学精英榜

安德鲁·维克托·沙利：1957年在麦大获生物化学博士。他创立了放射免疫测定法，因“在脑垂体激素生产方面的发现”，1977年与美国同行罗加·吉尔曼和罗乍林·耶洛分享了1977年诺贝尔生理学医学奖。

戴维·休伯尔：1947年在麦吉尔大学获理学士学位，1951年在获医学博士学位，他因“发现大脑半球职能分工和视觉系统的信息加工”和美国的罗哲·W·斯佩里以及瑞典的托尔斯坦·N·韦塞尔共同获得1981年诺贝尔生理学医学奖。

恩勒斯特·卢瑟福：在1898 ~ 1907年是麦吉尔大学麦克唐纳学院的物理学教授。

瓦尔·菲奇：1943年毕业于麦吉尔大学。他与美国物理学家詹姆士·W·克罗林合作研究中性K介子的蜕变，“因发现中性K介子蜕变基本守恒定律的破坏”，两人共同获得了1980年的诺贝尔物理学奖。

麦吉尔大学与中国

1989年，在加拿大蒙特利尔的白求恩广场上，巍然矗立起了由中国雕塑家司徒杰教授创作的白求恩大夫的巨大汉白玉雕像。

1932年，白求恩来到了麦吉尔大学，在皇家维多利亚医院以及医学系从事科研与教学工作，直至1936年离开加拿大，奔赴西班牙内战前线。1938年他来到了中国，并为中国人民的正义事业献出了自己的生命。白求恩对于共产主义的信仰，也是在这血与火的图景中逐渐坚定起来的。

中国现代地球物理学家傅承义也是麦吉尔大学的校友。他1933年毕业于清华大学物理系。1940年赴加拿大留学，1941年获麦吉尔大学物理学硕士学位，同年转赴美国科罗拉多州矿业学院攻读地球物理勘探。现任中国科学院地球物理研究所研究员，名誉所长。早年发表的地震波的研究Ⅰ、Ⅱ、Ⅲ、(1946，1947) 由于精辟的首创性，在美国1960年《地球物理学》创刊25周年时，被评为经典论文。

1983年刘锋毕业于天津大学土木工程系，1989年赴加拿大留学，于1995年获康戈迪亚大学商学院财务金融学博士学位。现任加拿大麦吉尔大学管理学院中国管理中心主任。他同时是中国人民银行研究生部皇家银行访问教授，大连理工大学客座教授。

自1984年起，中国人民大学商学院与加拿大麦吉尔大学等院校长期合作，联合培养MBA、MPA和博士生。

▼ 麦吉尔大学古典与现代并存

第五章

德国名校

德国大学的自我确认就是追求大学本质的原初和共同意志。对我们来说，德国大学正是这样的高校：她从科学出发，并通过科学，来教育和培养德国民族命运的领导者和护卫者。追求德国大学本质的意志就是追求科学的意志，就是追求德国民族历史精神使命的意志，因为这个民族正是通过自己的国家认识自己。科学和德国的命运必须同时在本质意志中获得权力。作为师生群体，一方面我们使科学直面最内在的必然性，另一方面我们在德国极端艰难的时刻坚定地面对德国的命运；只有并且唯独在这个时候，科学和德国的命运才能获得力量。

——海德格尔

海德堡大学
——永远年轻，永远美丽

性　　质：公立

位　　置：巴登·符腾堡州，海德堡市

成立时间：1386 年

院系设置：神学、法学、哲学、医学、翻译学院等 18 个学院

特色学科：癌症、汉学、哲学

校　　训：服膺真理、正义及人文精神

海德堡大学是中欧地区的第三所大学，历史仅次于捷克的布拉格大学和奥地利的维也纳大学。著名的能量守恒定律就是海德堡大学提出的。

历史掠影

海德堡大学位于历史源远流长的海德堡，大学成立于 1386 年，是德国最古老的大学，也是德意志神圣罗马帝国继布拉格和维也纳之后开设的第三所大学。16 世纪的下半叶，海德堡大学就成为欧洲科学文化的中心。

海德堡大学真正的名字是鲁布莱希特·卡尔大学，是为了纪念两位与海德堡大学渊源极深的名人。

如同海德堡的历史一样，大学在以后的发展中也是饱经忧患，幸好每个转折期都有热爱知识的大公或伯爵站出来助它一臂之力，卡尔大公爵、17 世纪威尔欣姆大诸侯等等都是海德堡大学历史上的功臣。17 世纪的政治危机，特别是“三十年战争”和普法尔茨的继位战争，曾使学校两次停办，濒于破产。信奉天主教的维尔斯巴赫家族在 17 世纪末对普法尔茨政权的接管和 18 世纪耶稣会对大学的干预，阻碍了新

思想的发展。直到1803年，由于卡尔·腓特烈大公爵重建海德堡大学的决定，这座德国最古老的高等学府才得以从破产的危机中得到拯救，成为巴登州的州立大学。此后，它逐渐恢复从前的学风。

海德堡大学最独特之处是它有一座著名的、也是世界上独一无二的学生监狱，它是在1712年设立的。它是用来专门用来处罚犯了过失的学生。凡是有酗酒闹事、打架斗殴等行为的学生，都将被罚坐两天到四星期的监狱。其中最有意思的是，警察不许进入这个监狱，学生们在坐监狱期间，百无聊赖，无所事事的时候，于是就把坐牢的日期、原因、牢骚、不满、感想等一些事情写在或画在墙面上，很快这个所谓的监狱就成了学生乐园。然而没想到的是很多学生还想方设法故意违反校规，争取到这里来被“关押”。墙上涂着天真直率的语言，令人看了捧腹大笑。三楼才是真正的监狱，不过也只有四间监房和一间厕所。每间监房内放置着一张铁床，还有一张桌子和一个板凳。监房四面的墙上和天花板上，无不涂满了狂放调皮的字画，五颜六色，几十年都过去了，可这些字画仍旧清晰可见。学生在监狱的关押不能超过一个月，上课的时候还可以去上课。海德堡大学的这个学生监狱在第一次世界大战时才停止使用，现在，它作为海德堡大学荣耀历史的一部分向游人开放。

在海德堡，大学仿佛和城市融为一体，大学就是城市，城市即是大学；它的14

▼ 海德堡大学是德国最古老的大学

万人口中，有10万人是来自各国的学生和为大学服务的人员，站在街上四望，看到的全是年轻人的面孔，难怪海德堡被赞为“永远年轻，永远美丽”！从而这个城市也给人一种朝气，一种活力。

当今神韵

海德堡大学的神学、法学、哲学、医学课程最悠久，成就了一大批世界知名的哲学家，被誉为世界哲学家的摇篮。

翻译学院被认为是世界上办得最好的学院之一，设备好，师资水平高，招考严格。有大小10多个语种，除设有英、法、俄、西班牙等大语种外，还有波兰、塞尔维亚、罗马尼亚、匈牙利等小语种，就连联合国也委托海德堡大学训练即时传译员。汉学也是该校的著名学科。

海德堡大学还拥有是德国最古老的大学图书馆，藏书260万册，其中拥有6000多册珍贵的手稿和古代印刷本。

海德堡大学特别重视研究，在科研方面发展很快。最成功的例子是，1985年建成的海德堡科技园，定位为生命科学为核心的国际化园区，目前已经成为全球首屈一指的生物科技研究中心。

海德堡大学精英榜

海德堡大学对有杰出贡献的学者授予荣誉评议员、荣誉市民称号，并对他们颁发荣誉奖牌。在校史上，最值得一提的是7位诺贝尔奖获得者，他们分别是：

菲利浦·雷纳尔德：因提出电子论和阴极辐射现象，荣获1905年诺贝尔物理学奖。

阿尔布莱希特·考索尔：在蛋白质和核酸研究中取得巨大成果，获1910年诺贝尔生理学医学奖。

奥托·弗里茨·麦耶豪夫：研究生物反应链取得成果，获1922年诺贝尔生理学医学奖。

里查·柯恩：研究维生素取得成果，获1938年诺贝尔化学奖。

瓦尔特·波特：他发展了物理学上的重合方法，发现了电子在光子放射时获得冲量的方法，和宇宙射线中粒子运动以及核反应时核运动的数据，从而获得1954年诺贝尔物理学奖。

汉斯·丹尼尔·杰生：因对原子核核层结构的研究而荣获1963年诺贝尔物理学奖。

乔治·维蒂希：因对自然材料再造研究所取得的成果获得1979年诺贝尔化学奖。

海德堡大学与中国

海德堡大学同许多中国的大学都有校际交流，例如武汉同济医科大学、北京外国语大学、上海外国语大学、南开大学等。

2004年8月4日，清华科技园——海德堡科技园签约合作仪式在创新大厦举行。双方将在信息交流、人员互访、园区企业技术交流等方面开展深入合作。

在海德堡大学，隶属于东方学和古代文化研究学院的汉学系，是一个年轻的系科。它的古代汉学专业建立于1962年秋冬学期。

海德堡大学汉学系的首位主任教授为鲍吾刚博士，为他赢得广泛声誉的著作《中国人的幸福观》，已经在若干年前被译成中文出版。1993年，第三位主任教授瓦格纳博士荣获德国科学协会颁发的莱布尼茨奖金，是获得这项德国最高学术奖的第一位汉学家，也为海德堡大学汉学赢得了荣誉和财源。

近年来，北京外国语大学和上海外国语大学每年各派两位专业教学人员去海德堡大汉学系担任汉语教师，海德堡大学汉学系则派出学生在两校学习汉语。

▼ 古老的海德堡大学散发出青春的朝气

洪堡大学
——现代大学之母

性　　质：公立
位　　置：柏林州，柏林市
成立时间：1810 年
院系设置：法学院、医学院、哲学院、神学院等 11 个学院
特色学科：哲学、文学、音乐
校　　训：哲学家们只是用不同的方式解释世界，而问题在于改变世界

它是德意志现代文明的摇篮。它颠覆了传统大学模式，倡导“学术自由”和“教学与研究相统一”。它树立了现代大学的完美典范，人们尊称它为“现代大学之母”。

历史掠影

洪堡大学是德国最著名的大学之一，可以说没有洪堡大学就没有光辉灿烂的德意志文明。它成立于 1810 年，迄今已有一百多年的历史。柏林洪堡大学的前身是柏林大学，二战结束后改名为洪堡大学。它由普鲁士教育大臣、德国著名学者、教育改革家威廉·冯·洪堡创办。当时被誉为“现代大学之母”。柏林大学从一成立起，就确定了教学与科研为一体，全面人文教育的办学宗旨。

洪堡大学一直以来就十分重视国际学术交流合作。1959 年加入国际大学协会后立即与原苏联的“洛蒙诺索夫”莫斯科大学建立了校际关系。随后又先后与原捷克斯洛伐克的布拉格大学、波兰的华沙大学、原南斯拉夫的贝尔格莱德大学、古巴的哈瓦那大学、奥地利的维也纳大学、法国的巴黎大学、埃及的开罗大学、日本的法政大学、西班牙的马德里孔普卢滕塞大学、美国的约翰·霍普金斯大学等 50 多所大

学签订了校际合作协议。1981 年，中国的北京大学和洪堡大学互派专家，1982 年，我国又选派 3 名进修生到洪堡大学深造。

被誉为现代大学之母的洪堡大学是依据创校者洪堡“研究教学合一”的精神创立的新式学校，它致力于培养学生多方面的人文综合素养，它是由国家资助的、男女合校的高等学府。

柏林洪堡大学在成立之初共有 4 个传统学院，分别是法律、医学、哲学与神学，学校共有 52 名教师及 256 位学生，而哲学院的黑格尔、法学院的萨维尼、古典语言学家古斯特 · 柏克、医学院的胡费兰及农学家特尔，则象征了当时洪堡大学各学院的精神。

在 19 世纪中期高校改革浪潮的影响下，柏林洪堡大学在原先占优势的学习内容，学习过程及研究条件方面进行了大刀阔斧的改革，并取得较大发展。

当今神韵

在洪堡校园里，可以看到一群群肤色各异而同样行色匆匆的学生，他们来自世界各地。柏林洪堡大学的院系分布广而散，主楼位于菩提树下大街 6 号，计算机中心以及最大的阶梯教室都在主楼里。不少人文学科的院系分布在主楼的附近，而数学与自然科学系却搬到了远在柏林东南角落的阿德勒斯霍夫。在那里建立的“阿德勒斯霍夫科学、医学和经济城”是继波茨坦广场之后柏林最雄心勃勃的城市建筑。只是这样就苦了那些文理兼修的学生，他们常常不得不下了一节课后，匆匆赶去车站搭乘市区快速火车赶往阿德勒斯霍夫，而不计算等车时间的“旅程”也要持续半小时以上。

作为一所有着百多年历史的大学，柏林洪堡大学将它以前的一

▶ 柏林洪堡大学被誉为“现代大学之母”

些东西很好地保留了下来。那一栋栋因风吹雨打而显得破旧的古老建筑似乎在向人们讲述着发生在它们身上的一个个故事。主楼大厅的墙壁上依然铭刻着马克思的名言，依然挂着爱因斯坦的画像，缅怀前人的同时，又在激励着后人。

在高新科技发展日新月异的今天，柏林洪堡大学没有满足于只是保留传统，继承传统，它想的更多的是明天会怎么样。将数学与自然科学系迁往阿德勒斯霍夫已经展示了洪堡大学不断发展自己的雄心。

在洪堡教育思想的指导下，19世纪以来，德国出现的文学家、哲学家、音乐家、科学家，可说是群星灿烂。在世界学术的各个领域，都处于领先地位。经过几十年的恢复发展，柏林洪堡大学现有近两万学生，并拥有了藏书200多万册的校图书馆。如今的洪堡大学，在生物、医学、数学等方面实力雄厚，正吸引着世界各国的学子来此就读。

目前，柏林洪堡大学共有11个学院及各个中心研究所、200多个专业或科系，包含了人文、社会、文化、人类医学、农业、医学和自然科学等领域的所有基础学科。19个专业设有理科硕士专业，59个专业设有文科硕士专业。

柏林洪堡大学每年都拒收不少本国的“高考状元”，理由是对这些“好学生”的综合素质不满意。柏林洪堡大学招生院院长给申请者的信中写道：“在录取过程中，我们寻找的是各方面都优秀的学生，从而确保每年进入学校的都是充满活力的新生。”德国大学面对全国几个为数不多的“高考状元”，竟然不为所动，甚至拒绝录取这些“尖子生”，这是由德国人的人才观决定的。

柏林洪堡大学精英榜

柏林洪堡大学在二次世界大战之前，可以说是世界学术的中心。许多知名学者、政治家都在这里留下了他们的身影，产生过29位在化学、医学、物理和文学等领域的诺贝尔得主，成就惊人。

第一个诺贝尔化学奖获得者就出自柏林洪堡大学即当时的柏林大学，他是1901年获奖的荷兰教授雅可比·亨里修斯·凡霍夫，因研究出化学动力学定律而获得诺贝尔奖。

包括物理学家爱因斯坦、普朗克、哲学家费希特、谢林、黑格尔、叔本华，神学家施莱马赫、法学家萨维尼都曾在此任教。

曾在此就读过的还包括欧洲议会主席舒曼、哲学家费尔巴哈、著名诗人海涅、铁血宰相俾斯麦及作家库尔特·图霍尔斯基等。

著名的无产阶级革命导师和领袖马克思早年在洪堡大学攻读法律专业。马克思主义创始人之一的恩格斯利用在步兵炮团服兵役的业余时间去洪堡大学旁听，一年时间内先后学习历史、哲学、文学、艺术和外语。

柏林洪堡大学与中国

柏林洪堡大学和中国有着深厚的历史渊源和联系，为中国培养了大批卓有成就的学者、科学家。中央大学老校长罗家伦、美学家宗白华、哲学家陈康、物理学家王淦昌等人都曾在此就读。

1946 ~ 1985 年，柏林洪堡大学先后向国际上 150 位杰出人物颁发名誉博士证书，其中包括中国的周恩来和郭沫若。周恩来曾于 1922 年 2 月由法国迁居德国柏林在洪堡大学勤工俭学，同去洪堡大学的还有温朋久(新中国第一任驻日内瓦的总领事)。北京大学第一任校长蔡元培先生留德期间，广泛吸取了洪堡大学的古典大学思想，丰富了北大的办学理念。

1981 年，中国的北京大学和洪堡大学建立合作关系，互派专家。1982 年，我国又选派 3 名进修生到洪堡大学深造。

▼ 洪堡大学图书馆外景

慕尼黑大学
——历久弥新的经典大学

性　　质：私立

位　　置：巴伐利亚州，慕尼黑

成立时间：1472 年

院系设置：企业经济学院、医学院、法学院、社会学学院、物理学院、化学院、林学院、兽医学院、数学学院等 20 个学院

特色学科：电学、哲学、化学

慕尼黑大学是德国历史最悠久，文化气息最浓郁的大学之一。今天，这所学校已经发展成为了规模仅次于柏林自由大学，位居德国第二位的大学，是德国在世界上享有盛誉的大学之一。曾经有 13 名诺贝尔奖获得者在此从事科研活动，35 名联邦议会议员也出自于此。

历史掠影

慕尼黑大学始建于 1472 年，它的模式是仿照巴黎大学和维也纳大学的模式建立起来的，学校内学院的设置，管理的方式以及教师的聘任都沿袭了这两个大学的传统，甚至就连教师讲课的语言都是用的拉丁文。

15 ~ 18 世纪的欧洲是文艺复兴和宗教改革运动时期。那时的人们开始以新的眼光审视世界，然而在大学里，这种情况更加明显。而那时的慕尼黑大学的课堂和校舍都是借用的教堂和修道院，在这些地方宣传与天主教、基督教的教义背道而驰的哥白尼日心说或是布鲁诺的天文馆哲学观，都显得很不合适。

慕尼黑大学就知名度而言很大程度上来自于它的艺术和人文学科研究。但它在

机械和科学领域的研究也取得了世界瞩目的成就，如分子生物基因中心实验室与慕尼黑技术大学联合建立的加速器实验室。

世界上第一张X光照片在这里问世；德国的第一头克隆牛在这里诞生；在此创建的医学解剖实验室是古代医学向现代医学转变的标志。

此外，慕尼黑大学高水平研究的标志是其成员每年荣获的多种奖金和奖励，迄今为止，慕尼黑大学教授中已有12人获诺贝尔奖。

当今神韵

慕尼黑大学历经了500年的风风雨雨，才成就了今天的辉煌。

慕尼黑大学在1997～1998学年度，学生已近70000人，外国学生有5000人左右。有51%的学生分布在语言类文化和社会科学类的专业中。上大学的教学单位现分为20个学院，这些学院中又分为总共178个研究所，以及为医学院实习用的诊所。慕尼黑大学成就较高的学院主要有企业经济学院、医学院、法学院、社会学学院、

▼ 慕尼黑大学

▲ 慕尼黑大学图书馆

物理学院和化学学院、林学院、兽医学院等。

慕尼黑大学图书馆始建于1573年，如今，除了位于校本部的中心图书馆外，还有分属各研究所和各学院的分馆共215个。中心图书馆的藏书多为基础书籍、日常书籍和一定程度的专用图书，达140万种，加上各研究所的藏书，共为440万册，与巴伐利亚州图书馆藏书量相仿。图书馆藏书每年递增约50,000册。

近几年，慕尼黑大学大刀阔斧地削减掉一些过时的专业，同时又以更大的积极性增加了一些新型专业，如：在数学学院中加大信息学和计算机科学的比重，在国民经济学院中也加大一些当前经常现象研究的力度等。

注意科研与教学并举是慕尼黑大学的一个特点。在新形势下，他们更为注重与企业界的密切结合，在探索产学研结合的过程中，慕尼黑大学建立了几种不同的研究模式它们是：

一是高校与企业共同组成研究中心，前期的开发研究由高校承担，后期的应用研究由企业承担。二是以研究课题和项目为主，学校与几个企业组成研究联合体。三是高校与校外研究机构组成联合体，联合体设在大学内，所长同时在大学兼职，这种负责人的双重身份十分有利于调动研究所和高校两方的积极性，科研经费的使用也很灵活，有利于研究所对博士生的培养。

20 世纪 90 年代，随着欧盟的建立，欧洲本身的实力又使欧洲人重拾信心，欧洲大学也开始寻求新的发展，希望重振雄风。慕尼黑大学在许多的方面也进行了大胆的改革和尝试。

慕尼黑大学主要吸取了美国大学的一些设置和做法，废除了过去设置的几大学院，在学院下面再设系、专业，提高各专业的地位。

长期以来，德国的高等学校无偿为学生提供教育机会，每个学生全年的费用高达 1.3 万马克，这对于学校来说是一个极大的负担。而且，对学生在校学习的年限限制不强，出现了学生赖在大学中数年不走的现象。慕尼黑大学每年用于发放教职员工工资、更新设备、修缮校舍等方面的费用约为 12 亿马克。

在政府拨款远远不足，大学筹集经费困难的情况下，慕尼黑大学校方正在考虑向学生收取适度的学费，数量大约在 2000 ~ 4000 马克之间。这样做有两个目的：一是减少在大学中滞留的学生数量：二是可以增加经费来源，并且，只要在收费的同时实行一些补救性的措施就不会把一些有才华而经济拮据的学子拒之门外。

▼ 慕尼黑大学艺术学院

以前德国大学对待外国申请者是冷面孔的时候居多，学生不仅没有奖学金，勤工俭学也只能偷偷做些粗活：而且，在德国大学拿到学位需要的时间太长，求学者往往知难而退。有鉴于此，慕尼黑大学积极落实德国政府于1996年5月出台的鼓励外国人赴德留学的新政策。虽然现阶段外国学生数量还不足学生总数的1／10，但在授予外国学生奖、助学金方面有了一定程度的改善，同时也放宽了某些限制专业中外国学生的申请标准。

慕尼黑大学精英榜

慕尼黑大学传承着500多年的丰厚文化遗产，它是德国最富有文化气息的大学；它孕育了众多著名学者和科学巨匠：

欧姆：电学先驱，曾在这里任教。

谢林：唯心主义哲学家。

李比希：近代有机化学和生物化学的创始人。

拜尔：现代燃料分子结构的发现者和合成果料的创始人。

慕尼黑大学与中国

2009年10月下旬，我国高校派员赴德国成功举办了第四届“中国饮食文化周”活动。

活动从10月21日开始正式对慕尼黑高校广大师生供应由中国厨师烹制的菜肴，共持续三天，采用套餐方式供应，每天推出两套菜谱，各500多客，其中包括在同济校园里深受学生喜爱的红烧肉和陈皮牛肉等。套餐一经推出即受到当地师生的热烈欢迎，前来就餐的师生络绎不绝，就餐队伍排成一条长龙。每天1000多份菜肴全部售罄，不少中国留学生还特地从其他学校赶来品尝地道的中国菜。负责接待我校代表团的慕尼黑大学服务中心总经理也对中餐的美味、中国厨师的厨艺大加赞赏，对双方饮食文化交流活动成功举办予以高度肯定，并希望把这一富有特色的中德饮食文化交流活动长久地保持下去。

第六章

法国名校

法国巴黎早在12世纪时就已经有了欧洲最古老的大学。从中足以看出法国拥有悠久的大学传统。目前，法国共有87所公立综合大学，分布于全国500多个校园，总共设有1000多个教学与研究单位。

巴黎大学
——欧洲大学之母

性　　质：公立

位　　置：巴黎

成立时间：1261 年

院系设置：索邦大学、笛卡尔大学、居里大学等 13 所大学组成

特色学科：核能、信息、地球物理、医科、血液研究、辐射研究、分子生物研究

校　　训：为了社会的科学和荣誉

巴黎大学是一所在国际上享有盛誉的综合大学，与意大利的博洛尼亚大学并称世界最古老的大学，又被誉为“欧洲大学之母”。欧洲各主要大学的建立模式均受此二校影响。巴黎大学以“传播法兰西精神最活跃的发源地”而著称。

历史掠影

中世纪的欧洲，学校教育有着悠久的传统。而欧洲从混乱到形成秩序的过程中，教会在教育中起到了很大的作用。遍布欧洲大陆各地的修道院，其实就在执行着学校教育的功能。需要产生一种新的组织机构，大学就这样应运而生。

巴黎大学的前身是索邦神学院，1261 年正式使用“巴黎大学”一词。当时学生已经上万，其中有许多学生来自欧洲的邻国。在很长时间里，巴黎大学同教皇和国王都有特殊关系。

17 世纪，宰相黎世留出任巴黎大学的校长，使巴黎大学有了飞速的发展，奠定了它的国际威望。巴黎大学原址坐落在巴黎市内第五区，是个知识密集的地区。因为 13 世纪的大学里以拉丁文传授知识，所以该区又称为“拉丁区”。

二战以后，随着法国经济的恢复和民主运动的发展，巴黎大学不断扩大，到20世纪60年代已有10多万学生。但是法国社会的各个方面经过战后20多年的发展。已发生了巨大的变化，而高等教育仍然沿袭“中央集权”的管理模式。这种状况影响了高等学校的活力，使之难以主动地适应社会需求。

在1968年的“五月风暴”运动中，巴黎大学的学生举行罢课并占领了学校，要求改革陈腐的教育制度。随着形势的发展，法国政府审时度势，对高等教育进行了改革。同时，取消了一个学区只能设1所大学的限制，将旧大学以大化小。并新建了一些大学。

改革后，大学规模变小，一个学区的大学由1所发展到若干所。在原来基础上，巴黎大学就由1所划分为13所。即现在所说的巴黎大学实际上是13所巴黎大学的联合体。新生的13所大学各自独立没有隶属关系，但共同拥有一个名称“巴黎大学”。

当今神韵

巴黎大学是中世纪欧洲大学的典范，牛津、剑桥等大学都是按照它的模式创办的。如今，巴黎大学是一所在国际上享有盛誉的综合性大学。

正是因为有了巴黎大学，文化名城巴黎才名扬四海。正如13世纪另一位教皇亚历山大四世所说的那样，巴黎成了“生命之树”，它吸收了欧洲各国最好的学生和许多来自各国的最优秀教师，巴黎大学成了“法兰西国王的大公主”、“教会的第一所学校”，而且还是神学事务中的国际仲裁人。

▼ 巴黎大学以传播法兰西精神最活跃的发源地著称

巴黎大学有四多。

一是学生数量多，

总数已达30万，占全法国大学生总数的1/3。二是外国学生多，达到5万，占留学生总数的1/2。三是科研机构多，如巴黎大学有各类实验室100多个。四是图书馆多，有综合性的，也有专业和分别供各阶段大学生使用的，甚至还有为病残者服务的特殊图书馆。

巴黎大学的13所大学共同拥有——“巴黎大学”的名称。编号只代表顺序。与质量以及名望无关。这13所大学在学科设置上都具有多科性的特点，不过，各校根据各自的条件有所侧重。巴黎第1、2、3、4、8、10等6校以人文科学和社会科学为主，兼设其他学科。巴黎第5、6、7、11、12、13等6校兼有文、理、医、法、经济等学科，其中巴黎第11、第12和第13大学还设有工科，巴黎第9大学以经济和管理为主。

巴黎大学精英榜

作为一所创建近800年的世界一流高校，巴黎大学俊杰频现，精英辈出。

罗伯斯庇尔：法国资产阶级大革命中最杰出的革命家。

拉法格：法国工人运动和国际共产主义运动的著名活动家。

爱德华·瓦扬：法国社会主义活动家。

加利：联合国原秘书长。

戴尔马：二战英雄。

密特朗：法国原总统。

若斯潘：法国原总理。

罗吉尔·培根：英国唯物主义思想家、伟大的科学家。

德西得乌·伊拉斯莫：人文主义的伟大先驱。

伟大的“居里夫妇”：比埃尔·居里和玛丽·居里。

李比希：著名德国化学家。

皮亚杰：当代世界著名的心理学家和教育家。

顾拜旦：“现代奥运之父”。

南丁格尔：现代护理先驱。

莫泊桑：法国著名作家。

巴黎大学的名人录上，出现了许许多多光华四射的名字。可以说，巴黎大学就是法国高等教育的标志。

巴黎大学与中国

在近代中西文化交流史上，巴黎大学扮演过极为重要的角色，据有关资料报道，1333年，巴黎大学的神学教授尼古拉作为教皇派驻中国的第二任大主教来到北京(元朝时称汗八里)，所以他被认为是第一个到北京的巴黎大学成员。

在16世纪耶稣会传教士来华时，西方世界就已经接触了儒家经典，但真正当代学术意义上的汉学研究却萌发于西欧，较为科学地研究汉学的人应首推巴黎大学的阿贝尔·雷马萨。所以，20世纪前半期，巴黎被誉为“无可争议的西方汉学之都”。

1814年，阿贝尔·雷马萨在巴黎大学开设了中国语言学课程。自此，中国语言学在欧洲进入了大学这个神圣的殿堂。被列为专门的学习课程。可见，巴黎大学与中国的交流和交往源远流长。

近百年来，巴黎大学作为世界顶级高校，一直与中国高校保持着友好的合作关系，在学术交流、派遣留学生等方面交往与合作日益广泛，它为中国培养了大量著名人士，例如。严济慈、许德珩、钱三强、陈寅恪、施士元、杨秀峰、王力、王毓瑚、汪德昭等等。

▼ 20世纪前半期，巴黎被称为“无可争议的西方汉学之都”

巴黎理工大学
——公共教育事业最壮丽的学府

性　　质：公立

位　　置：巴黎

成立时间：1794 年

特色学科：信息、管理、财政、商业、科研

校　　训：为了祖国、科学和荣誉

被誉为法国“公共教育事业最壮丽的学府”的巴黎理工大学，是“大学中的大学”，是法国最重要的工程师大学，是法国大学中一颗闪耀着璀璨光芒的明珠。

历史掠影

巴黎理工大学是法国历史悠久，享有盛名的高等学府之一，它的校史与近代和现代的巴黎乃至整个法兰西共和国的历史紧密联系在一起。巴黎理工大学经常被昵称为 X，是法国最重要的工程师大学。

巴黎理工大学创建于 1794 年，是法国大学名校中的名校，位居法国四大名校之首。最初位于巴黎中心的拉丁区，于 1976 年搬迁至郊区。学校的格言是“为了祖国，科学和荣誉”。当时建校的目的，主要应军事上的需要，课程包括炮兵、军工、路桥、造船、地形测量等。

法国对理工大学的投资，在拿破仑时代首次获得回报。理工大学的师生建造了当时最先进的炮舰、火炮，成为拿破仑东征西讨的重要后援。一直至今，理工大学与法国国防部的关系都非常密切。

200 年来，巴黎理工大学一直是法国“科学与荣誉”的代表，它培养了一批又一批精英，成为法国不同时期的“带路人”（戴高乐语）。他们当中，有治理国家的总统和政治家，有指挥千军万马的元帅，有驾驭科学的院士和科学家，有奋笔疾书的学者，还有纵横商场的实业家，用当年拿破仑的话来说，巴黎理工大学是一只“下金蛋的老母鸡”。

当今神韵

巴黎理工大学的整个校区的面积占地180公顷，其中120公顷被绿色植物所覆盖。校园中相当一部分面积的土地上修建了设施齐全的露天体育场所，包括足球场、橄榄球场、网球场、田径场、高尔夫球场，帆板和划船运动则可以在校园内的湖上进行。

校园内有8个演讲厅、46个课室(课室的设计只可容纳25人上课)、图书馆、电脑室、实验室，语言实验室、两个泳池、另外还有各种运动场馆，以及专供学生绘画、雕刻、摄影工作室。

▼ 巴黎理工大学最初位于巴黎市中心拉丁区

▲ 理工大学入选的学生都是从预科生中严格筛选出来的优秀者

巴黎理工大学校园虽广，设施虽多，但学生人数不多，加上教授、研究人员和工作人员，全校亦不过1300人。之所以人数这么少，是由于理工大学一向招生严格，连同外国学生，每年约招300人，入选的学生均是通过理工学校自行单独组织的入学考试，从预科生中严格筛选出来的优秀者。

巴黎理工的学生在校内学习期限2年，外加1年军事训练。学生在校期间计算军龄，穿军服，享受军队待遇，受军纪约束，毕业时可获得巴黎理工大学工程师文凭。他们既可以工程师的身份直接就业，也可进入应用学校或其他学校继续学习，或者在理工学校继续研修高学位。所谓物以稀为贵，巴黎理工大学的学位一直是法国学生最向往的专业资格之一，属于国防部监督的特殊学校。

巴黎理工大学不设思想教育课，但是，它的思想教育与众不同。独特的校风，校友的现身说法，还有象征巴黎理工大学骄傲和自豪的校史博物馆。这座博物馆是巴黎理工大学重要的场所，更是理工生心中神圣的殿堂。馆内陈列着从建校第一期开始的理工生的注册簿，记载着该校各个时期重大的历史事件和人物纪念。

每年 7 月 14 日法国国庆节，巴黎理工大学的校旗总是飘扬在各军种军旗前面，理工生紧随巴黎卫戍部队通过检阅台，迈向象征胜利的凯旋门。参加国庆阅兵的传统保留至今，这一重要活动已成为巴黎理工大学教育的重要组成部分，并集中表现出“理工精神”。这就是，对工作热情、对祖国绝对忠诚、不计利益甚至忘我、极端地信任数学和抽象公式的价值。对理工生来说，忠于祖国和科学精神是相互融合在一起的。

巴黎理工大学精英榜

巴黎理工大学创办 200 年来，为法国培养了大量的杰出人才，其中不少人在军事、科学和工业界享有世界声誉。例如：它培养出了一战中的协约国联军统帅福煦，铀的放射性发现者贝古勒耳，与美国汽车大王福特相抗衡的工业家和设计师雪铁龙，法兰西共和国总统德斯坦等。

▼ 每年 7 月 14 日法国国庆节，理工学生参加阅兵，迈向凯旋门

柯西是法国著名的数学家，在科学家史上占有重要地位，被誉为现代数学的重要奠基人之一。他一生写下了 800 多篇论文，几乎涉及数学的各个分支。

卡诺，堪称热力学的奠基人。1978 年，他的遗著经人整理发表。世人方知热力学第一原理、能量守恒定律在热力学上的表现。

在理工学校的校友中还可列出许许多多的学者名字，他们中间有哲学家孔德、天文学家勒韦耶，物理学家阿拉戈和菲涅耳、数学家彭加莱，还有集工程师、军官、学者于一身的马吕斯，以及瓦克内尔、盖诺・德・米西、普瓦松、弗雷内尔、盖・吕萨克等等。

巴黎理工大学与中国

2005 年 12 月，国务院总理温家宝，在巴黎综合理工大学发表了题为“尊重不同文明，共建和谐世界”的演讲。

温家宝强调，中国政府珍视同法国的友好合作关系，中国人民珍惜同法国人民的友好情谊。我们把法国看作是值得信赖的朋友和伙伴。我们对中法关系的前景充满信心。温家宝说，“为了祖国、科学与荣誉”是贵校的校训，也代表了法国青年的理想与追求。青年是国家的希望，是世界的未来。

温家宝说，明年，中国将邀请 400 名法国青年到中国去参观访问。我说这件事情——400 名青年的访问——它的意义远远比 150 架 AIRBUS320（飞机）要重要得多。因为如果说经济合作是象征着当前，那么在文化和教育的合作就标志着未来。

演讲后，温家宝还回答了听众提出的问题。师生们对温家宝的精彩演讲反响强烈，并报以长时间热烈掌声。

第七章

俄罗斯名校

俄罗斯共有高等院校 1249 所，其中国立院校 598 所，拥有众多的世界名牌大学，莫斯科大学（莫大）是世界十大名校之一。曾有八位诺贝尔奖获得者毕业于此校。还有著名的圣彼得堡大学，是在俄罗斯名列前茅的著名大学，俄罗斯前总统普京就毕业于该校的法律系，还有许多特殊学科领域和音乐、文化、艺术，俄罗斯著名大学都在各个领域占有世界学术领先地位。

莫斯科大学
——俄罗斯高教的心脏

性　　质：公立
位　　置：莫斯科市
成立时间：1755 年 1 月 25 日
院系设置：30 多个院系
特色学科：数学、物理、化学、生物、经济、语言文学、历史
校　　训：祖国、科学、荣誉

莫斯科大学是俄罗斯最古老的大学，是全俄科学、文化、教育的中心，也是世界著名大学之一。它不仅仅为俄罗斯培养出了无数的学者精英，更在漫长的历史中塑造了整个伟大的俄罗斯民族。

历史掠影

莫斯科大学是俄罗斯规模最大、历史最悠久的综合性高等学校。全名国立莫斯科罗蒙诺索夫大学。1755 年由教育家 M.B. 罗蒙诺索夫倡议并创办。旧址在莫霍瓦街 11 号 ,1812 年焚毁 ,1817 ~ 1819 年重建。1953 年 9 月 , 在莫斯科西南的列宁山上建成新校舍。

莫斯科大学在俄罗斯的科学、教育发展史上占有重要地位，做出了伟大的贡献。一大批杰出的科学家、思想家、文学家、社会活动家，如：巴甫洛夫、米丘林、赫尔岑等曾在这里学习和工作过。同时莫斯科大学也是世界文化和科学发展中心之一。这里工作着一大批世界一流的专家学者，历史上共有 8 人获得过诺贝尔奖。

从 1917 年到现在，莫斯科大学培养了 18 万大学生，近 4 万名副博士，许多毕业生成为俄罗斯科学发展的中坚力量。

当今神韵

莫斯科大学坐落在莫斯科市西南处的列宁山，巍巍屹立在列宁山上的莫斯科大学新校舍，是由30座彼此相连的大楼组成的，规模宏大，富丽堂皇，是世界上最大的学校建筑群之一。

莫斯科大学的学生注重个人兴趣爱好的培养和个人才能的充分发挥。学校有33个业余艺术团体，莫大的戏剧社、合唱团闻名遐迩，而著名作家诗人莱蒙托夫、别林斯基、赫尔岑、冈察洛夫的文学天赋正是在莫大的文学小组中逐渐显露出来并得以发展的。

莫斯科大学的学生非常重视体育锻炼，学校根据不同项目设有30个体育小组，学生每年举行一次传统的大型体育运动会。该校的体育代表队经常参加莫斯科各高

▼ 莫斯科大学是俄罗斯最古老的大学

校运动会以及全国和国际的体育运动会。

莫斯科大学成立至今已有250多年的历史，不但是全俄罗斯最大的大学和教学、科研、文化中心，也是全世界最大和最著名的高等学府之一。

现在，在莫斯科大学工作着4300名教授和教师，4800名研究员，其中7800人拥有博士学位，有200多位俄罗斯科学院院士（占俄科学院成员的20%）和通讯院士。

作为综合性大学，莫斯科大学的特点是重视基础理论的研究。数学、物理、化学、生物、经济、语言文学、历史等基础学科实力雄厚，研究成果丰厚。莫斯科大学还拥有一批世界领先水平的实验室，同世界150多所知名大学、国际机构、实验室建立有密切的合作与交流关系。正如俄罗斯作家赫尔岑所说的。莫斯科大学是俄罗斯教育的心脏，也是世界文化传播的著名中心。

200多年来，莫斯科大学以雄厚的师资、完善的设备、高质量的教学和高水准的学术享誉世界。

莫斯科大学精英榜

莫斯科大学人才荟萃，许多著名的科学家、作家、诗人。

罗蒙诺索夫：俄国自然科学家和哲学家，莫斯科大学的创始人。

谢苗诺夫：诺贝尔化学奖得主。

艾利康宁：苏联著名心理学家。

阿历克赛·罗高寿：《西游记》的俄译者。

诺维科夫：菲尔茨奖获得者。

茹科夫斯基：俄罗斯航空之父。

斯托列托夫：实验物理奠基人。

时至今日，俄罗斯在科学技术的许多领域仍处世界领先地位，并拥有众多世界一流的文学大师。毕业于莫斯科大学的莱蒙托夫、屠格涅夫、契诃夫就是

◀ 莫斯科大学主楼前罗蒙诺索夫像

俄罗斯文学大师的代表。

莫斯科大学与中国

莫斯科大学与中国有着深厚的政治渊源和学术渊源，无数的中国革命家，政治家都曾在这里学习和生活过。

1955 年莫斯科大学 200 年校庆时，当时的北大校长马寅初前去参加校庆活动，赠送了一幅刺有莫大全景的苏州刺绣给莫大。此后虽然中苏关系几次变化，但莫大仍然挂着这幅刺绣而没有摘掉。

1957 年 11 月 17 日，毛泽东同志在莫斯科大学大礼堂对中国留学生发表了著名讲话。“世界是你们的，也是我们的，但归根结底是你们的。你们是年轻人，朝气蓬勃，好像是八九点钟的太阳。世界是属于你们的，中国的前途是属于你们的。”当年的中国留学生工会主席是后来的国务院总理李鹏。毛泽东的长子毛岸英和儿媳刘松林也都是莫斯科大学的校友。

让我们值得骄傲的还有，除中国国务院副总理李岚清被世界一流大学——莫斯科大学授予名誉教授称号之外，中国科学院院士赵鹏大也被该校授予了名誉教授称号。

赵鹏大院士是国内外知名学者，在矿产勘察和数学地质方面有很深的造诣。莫斯科大学为了表彰赵鹏大对地球科学和俄中地学合所做的巨大贡献，特授予其莫斯科大学名誉教授称号。这一称号，既是对赵鹏大院士的充分肯定，也是对中俄友谊的肯定。

2002 年，北京大学与莫斯科大学合作成立联合研究生院，具有深远意义。同时有利于推动北大同整个俄罗斯高校间交流合作关系的发展。

到目前为止，共有 3500 名中国留学生在莫大就读过，目前该校有九百多名来自中国的学生。

圣彼得堡大学

——俄罗斯教育、科学和文化中心

性　　质：公立

位　　置：圣彼得堡市

成立时间：1819 年

院系设置：力学系、物理系、化学系、生物土壤系、东方系等 19 个系

特色学科：力学、物理、化学、生物土壤

圣彼得堡大学是俄罗斯最早建立的大学之一，它是著名的综合性大学，也是俄罗斯教育、科学和文化中心之一，是世界诸多著名学派的源头。数十位科学巨人和学术泰斗、12 位诺贝尔奖得主、500 位院士，奠定了其作为世界一流高等学府的骄人地位。

历史掠影

圣彼得堡国立大学是世界最优秀的大学之一。俄罗斯前任总统普京就毕业于该校法律系。

圣彼得堡大学创办于 1819 年，因为位于当时沙皇帝国首都圣彼得堡而得名为圣彼得堡大学。1924 年 1 月 24 日，列宁病逝。同年，为纪念列宁的光辉业绩，他早期从事革命活动的城市圣彼得堡和曾经学习过的圣彼得堡大学分别更名为列宁格勒和列宁格勒大学。1991 年，随着苏联的解体，大学及其所在的城市又都恢复了它以前的名字。

圣彼得堡大学比莫斯科大学早 32 年。它的建立与发展和雄才大略的彼得大帝有着不可分割的关系。彼得大帝在世时，就曾有过在京都圣彼得堡建立大学的设想。但在根据他的创议于 1724 年起建立的圣彼得堡科学院成立不久，他就谢世而去。

1819 年 2 月 8 日，大学从科学院划分出来，并以师范学院为基地，创建了独立的圣彼得堡大学，在涅瓦河畔古老的彼得罗夫大厦宣布成立。

圣彼得堡大学又称为列宁格勒大学，后改名为国立列宁格勒大学。1991 年，随着苏联的解体，大学及其所在的城市又都恢复了它以前的名字。它是一所古老的大学，以文化和自然科学为主的综合性大学。建校伊始，只有 3 个系：历史学系、哲学法律系和物理数学系。1854 年，又增办了东方语系，这种框架结构一直延续到 1918 年。

当今神韵

圣彼得堡大学现有各类在校大学生近两万人，研究生 1500 多人，外国留学生 1000 多人。教职工逾万人，其中俄罗斯科学院院士 12 人，博士 400 余人，副博士 1000 多人，教授 260 余人，副教授接近 800 人。

在圣彼得堡大学，学生们的作息时间与中国有所不同。他们大多晚上很晚才睡，早晨也很晚才起床，像国内早晨六点多就人来人往的景象是看不到的。

进入 20 世纪后，圣彼得堡大学的教学和科研又有长足进展，各学科不断涌现出新的专家学者和学术流派，并获得一系列新的科学成果。

圣彼得堡大学的力学系、物理系、化学系、生物土壤系、东方系等享有盛名。东方系是苏联最大的东方学机构之一，设有阿拉伯语文、非洲学、汉语和远东诸国历史、

▼ 圣彼得堡大学

古代东方史等 8 个语文教研室和 3 个历史教研室。其汉语教研室下设汉语、朝鲜语、他加禄语、藏语、缅甸语、越南语、印尼语，高棉语等教研组。圣彼得堡大学还设有许多著名的博物馆、图书馆、档案馆等文化设施，其中以门捷列夫博物馆及学术档案馆、高尔基图书馆和地质系矿物教研室的矿物陈列馆的藏品最为丰富和富有价值。

圣彼得堡是一座集文化教育、科研工业、交通于一身的综合性大城市，是俄罗斯的现代化窗口。之所以称为“教育之都”，是因为圣彼得堡作为 200 多年的俄首都，浓缩了俄罗斯的全部精华。大量的俄罗斯博物馆图书馆等文化设施，加上这座城市浓厚的文化艺术气氛的熏陶，对留学生的成长和修养极为有利。

圣彼得堡大学精英榜

普京：前俄罗斯总统。

梅德韦杰夫：现俄罗斯总统。

季·伊·门捷列夫：1863 年 3 月 6 日，宣读了他发现的化学元素周期律，并创立了化学元素周期系。

亚·斯·波波夫：1895 年 5 月 7 日，在俄国“物理与化学学会”上发表了他发明的世界第一台无线电接收机。同年，还制成了雷电指示器，成为世界无线电通讯的发明者。

伊·彼·巴甫洛夫：1904 年获诺贝尔生理学医学奖。

圣彼得堡大学与中国

建国初期，我国公派去苏联留学时，就有不少学生在圣彼得堡大学攻读学位。现在，圣彼得堡大学已有中国留学生数百人。

早在 1855 年，圣彼得堡大学就成立了东方系，对东方文化和中国进行研究，该系成为圣彼得堡大学闻名的科系之一。汉语教研室曾延聘过许多中国专家，中国著名的作家、翻译家曹靖华就曾于 1928 ~ 1933 年在该校执教。

2005 年，圣彼得堡大学与河南大学结成友好学校。双方签订了在人文科学、自然科学和社会科学等领域进行全面合作的协议。协议包括相互派遣教授和学者进行交流，学习先进教学经验：互换本科生、研究生、博士生进行学习和科研等内容。

第八章

奥地利名校

奥地利的大学，历史悠久，教育水平高。世界著名学府维也纳大学是德语区国家最早的大学之一，她的课程设置严谨，要求高，曾经培养出27名诺贝尔奖获得者。奥地利学制与德国相似，但与英美国家不同。奥地利绝大多数教育机构是公立的，少数为私立院校。

维也纳大学
——欧洲最大的大学之一

性　　质：公立
位　　置：维也纳市
成立时间：1365 年 3 月 12 日
院系设置：医学院等 8 个学院
特色学科：内科、实验病理学、生理学、药物学、皮肤病学
校　　训：只有让最杰出的伟人都成为维也纳大学的人，才能使维也纳为世界一流的城市

维也纳大学是奥地利历史最悠久的大学，也是德语区国家最古老的大学之一。始成立于 1365 年，是 27 位诺贝尔奖获得者的母校。古老、宏伟的主校位于维也纳市一区。维也纳市立医院——这一世界著名的现代化医院也隶属于维也纳大学。

历史掠影

维也纳大学的雏形最初在 1365 年 3 月 12 日由公爵鲁道夫四世和他的兄弟阿尔伯莱希特三世及利奥波德三世创建。后来，亲王阿尔布莱希特三世通过改革和扩大，建立和完善了神学院、法学院、医学院和人文学院，使学校发展成为当时欧洲的政治、宗教、文化和经济中心。从成立至今，维也纳大学在政府、教会、王室和社会各界人士的支持和帮助下，已从 4 个学院扩展为 8 个，建立了图书馆、研究院、天文台、博物馆和各类研究中心。不少专业增设了新专业、新学科，培养了大量人才，在校史上，有 7 人获诺贝尔奖，还出现了像弗洛伊德这样闻名遐迩的精神分析学开创人和哲学家。同时学校的福利事业得到了改善，开设医院、食堂、运动中心等等设施；学校招生范围从男生扩大到女生，从教徒到非教徒。另外学校通过颁布各类法案，使管理制

度日渐完善，加强了建设。

第二次世界大战后，维也纳大学不断加强与国际学术单位，诸如美国加州大学的伯克莱分校、乔治敦大学、德国洪堡大学等的联系和合作，向国外高校输送教师和学生，参与国际交流。维也纳大学还是奥地利和多瑙河地区的学术研究中心，每年都有大量研讨会在那里举行，并向政府提供各类信息资料和规划建议。

当今神韵

维也纳大学位于奥地利首都维也纳，是现存最古老的德语大学。占地 28 万平方米。由 8 个学院约 190 个系组成。1990 年学校共有教授 454 名，助教 1,890 名，1,497 名工作人员，学生 86,000 名。全校每年支出约为 32 亿奥地利先令，其中 5.65 亿用于各类教学活动，2.04 亿用于各系支出。

维也纳大学的 8 个学院分别为天主教神学院、基督教神学院、法学院、社会经济学院、医学院和从哲学院分出来的 3 个学院：基础综合学院、语言文学院和自然

▼ 维也纳大学内的和平天使塑像

▲ 维也纳大学社会经济学院

科学院。

维也纳大学共设 110 多个专业，非洲学、古代史和古代文化学，古犹太哲学和中东考古学、英国语言和文学、美洲学、阿拉伯学、天文学、企业管理、植物学、遗传学、人类生物学、微生物学、生态学、古生物学、动物学、生物学和地球学等等。

在维也纳大学 8 个学院中最富声誉的是医学院，在 20 世纪初该院曾位于世界医学之巅峰，成为当时世界医学中心，1914 年诺贝尔奖得主罗伯特 · 巴拉尼，1927 年得主尤利乌斯·瓦格内一约莱克，1930 年得主卡尔·兰特斯坦纳。1936 年得主奥托·罗维和 1973 年得主康拉德·洛伦茨均来自该学院。目前医学院有教授 77 名，副教授 40 位，助教 1,077 位，工作人员 1,023 位，学生数达 12,782 名。医学院有 69 个系和医院，其中内科、实验病理学、生理学、药物学和皮肤病学居世界领先地位。

维也纳大学精英榜

罗伯特 · 巴拉尼：第一个获诺贝尔奖的人。

艾尔文 · 薛定谔：突破经典物理学的概念，用数学物理方法演算出量子现象的公式。1933 年被授予诺贝尔物理学奖。

康杜德·诺伦茨：是20世纪最有影响的生物学家。他不仅是行为比较学的创始人，而且也是进化论的奠基者（仅次于达尔文）。

伦纳：奥地利政治家、前总理和总统。

瓦尔德海姆：前联合国秘书长、奥地利共和国前任总统。

西诺瓦茨：历史学家、奥地利前总理。

多普勒：物理学家。

维也纳大学与中国

2006年6月1日晚，“奥地利中国文献展”开幕式在维也纳大学图书馆阅览大厅隆重召开。

开幕式由维也纳大学东亚学院副院长李夏德教授主持，维也纳大学副校长首先致辞，他说，中奥两国友谊源远流长，值此奥地利“中国年”之际，能够在维也纳大学举办规模如此庞大的中国文献展，我感到十分的高兴。

中国驻奥地利大使馆文化部参赞贾建新随后致辞，他说，我受到李夏德教授的邀请时，感到十分的吃惊，因为居然能够看见五百年前，欧洲人眼中的中国。同时，我也感到十分的欣慰，因为这批材料再也不会被历史的尘埃掩盖。再次感谢为此事奔走的维也纳东亚学院的教授们。他们是连接中奥友谊的纽带。在“中国年”之际，此次文献展将会为促进中奥两国友谊，促进中奥两国文化交流起到重要作用。

2008年8月，维也纳大学孔子学院承办了以中国为主题的庆祝活动。

庆祝活动在美丽的维也纳大学校园露天举行。他们在各项活动中体验了中国文化的悠久历史与魅力，加深了对中国以及对中国文化的了解。孔子学院利用此次机会扩大了在奥地利社会的影响，使更多的人了解了孔子学院。

▶ 维也纳法学院

第九章

瑞士名校

瑞士地理上处于欧洲的中心位置，这个特殊的位置赋予了瑞士浓郁的国际化氛围，同时也孕育了丰富的文化遗产。一百多年来，瑞士一直为来自全世界各地的学生提供高质量的私立教育。由来已久的高质量教育体系，以及现代化的，且不断更新、变革的教育设施与教学手法，在国际上享有极高的声誉。

苏黎世大学

——瑞士历史上最悠久的大学之一

性　　质：公立

位　　置：苏黎世

成立时间：1833 年

院系设置：神学院、法学院、医学院、文科系、数学与自然科系等 9 所学院

特色学科：商业管理、免疫学

苏黎世大学是瑞士规模最大、声誉最高的研究型大学，也是瑞士历史上最悠久的大学之一。第一届诺贝尔物理学奖得主从这里走出，X 射线的发现者伦琴是苏黎世大学的高才生。1996 年，苏黎世大学的毕业生再次摘取诺贝尔奖桂冠。

历史掠影

苏黎世大学创建于 1833 年，是瑞士规模最大、课程范围最广泛的大学，它的历史可以追溯到 1525 年。

1833 年，原有的神学院、法学院和医学院合并，与新成立的哲学院一起组成苏黎世大学。这是欧洲第一个由民主国家而不是由封建君王或教会创办的大学。

建校时的教师阵容只有 26 位教授和 29 位讲师。最开始有限的条件并没有影响到它成为一所综合大学的最终目标，大学的精神之父、后来的古典哲学教授约翰·卡斯帕·冯奥雷利毫不含糊，在给友人的信中写道必须建一所苏黎世大学，而且必须让它成为瑞士大学。

1849 年，苏黎世大学才允许女子听哲学课。可是直到 1864 年俄罗斯的玛丽亚·科尼亚西尼娜申请医学院时，苏黎世的教育局才被迫对招收女生做出表态。然而玛丽亚·科尼亚西尼娜不久就离开了苏黎世大学。到 1866 年，她的同胞代什达·苏斯洛娃，

成为苏黎世大学的第一个女生。1867 年，她获得苏黎世大学的博士学位，这也是德语国家第一次向女性颁发博士学位。

当今神韵

苏黎世是一座举世闻名的国际化城市。市内有两座著名的大学。其中之一就是苏黎世大学。

苏黎世大学是瑞士历史最悠久的大学之一，是规模最大、声誉最高的研究型大学。全校主要的系科为：法律系、经济学系、医学系、艺术系、自然科学系、神学系、兽医学系，以商管类研究生课程闻名于世，与维也纳经济管理大学共称欧洲之首。苏黎世大学的免疫学、人脑研究和分子生物科学享有世界知名度。第一届诺贝尔物理学奖得主便从这里走出，X 射线的发现者伦琴是苏黎世大学的高才生。著名数学物理学家爱因斯坦曾两度在此任教。

苏黎世大学现有在校生近 33000 人。苏黎世大学的大部分毕业生均就职于国际组织和跨国公司，如壳牌、宝洁、法航、阿克苏、香港及联合国几大组织。

长期以来，苏黎世大学一直依据 1859 年的教育法实行管理。但是，随着大学的发展，该法规对苏黎世大学这样的大型机构的管理已不尽适用。因此，1994 年，苏

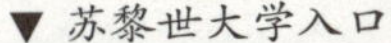

▼ 苏黎世大学入口

黎世大学决定进行改革。目标是使大学成为一个自我管理的公共团体。1998 年 3 月 15 日，苏黎世州的选举人批准了新的大学法，赋予大学自治法定实体的地位。

新的大学管理机构是由学术、文化、企业、政治各界的头面人物组成的大学委员会。这样一来，大学可以在高效的前提下最充分地利用好可获得的资金。从此，苏黎世大学可以在一揽在预算内独立管理自己的财务，并以自己认为妥当的方式运作。

苏黎世大学精英榜

苏黎世大学的诺贝尔奖获得者有：

1901 年物理学奖获得者伦琴；

1902 年文学奖获得者蒙森；

1913 年化学奖获得者维尔纳；

1914 年物理学奖获得者劳厄；

1921 年物理学奖获得者爱因斯坦；

1933 年物理学奖获得者薛定谔；

1936 年化学奖获得者德拜；

1939 年化学奖齐卡；

1937 年化学奖获得者卡雷；

1949 年医学奖获得者赫斯；

1987 年物理学奖获得者米勒；

1996 年医学奖获得者克纳格尔；

苏黎世大学与中国

苏黎世大学汉学系建于 1950 年，是瑞士大学中历史最悠久，规模最大的汉学教学与研究机构。2004 年 2 月 3 日，中国教育部向瑞士苏黎世大学赠书仪式于苏黎世大学举行。中国驻瑞士使馆吴传福大使出席了赠书仪式并代表中国教育部向苏黎世大学赠书。他在致辞中感谢苏黎世大学为推动中瑞两国的交流与合作、增进人民间的友谊而培养汉语人才所做出的努力和贡献。希望这批图书能对苏黎世大学汉语教学与研究有所帮助。

第十章

荷兰名校

提起地处西北欧的荷兰，过去人们常常想到风车、木鞋和郁金香。近年来，随着出国留学人员日渐增多，这个欧洲小国也越来越为大家熟悉。荷兰高校的整体水平较高，尤其是13所正式大学，在欧洲乃至全世界都有相当的影响。2003年欧盟科研报告中统计的欧盟国家22所最具有科研影响力的高校中，荷兰高校就有7所榜上有名，位居欧盟国家之首。

莱顿大学
——在战火中永生

性　　质：公立
位　　置：莱顿市
成立时间：1575 年
院系设置：医学系、神学系、法律系、数学和自然科学系、文学系、社会科学系、哲学系、史前学和史前人类学等 8 个学院
特色学科：中文、医学、化学、数学、计算机

莱顿大学是荷兰最古老的大学，是欧洲历史最悠久的大学之一，也是声望及学术地位最高的大学之一。学校在近 500 年的辉煌历史中，赢了国际上的卓越地位。

历史掠影

1574 年，荷兰政府为了表彰莱顿市民在捍卫民族独立的斗争中所表现出的英勇顽强的精神，政府便将荷兰王国有史以来第一所高等学府修建在了这座小城。因此，这座大学自古就享有了“自由堡垒”的美誉。尽管当时战争还在其他地区继续，但是莱顿大学依然坚毅的屹立在了荷兰莱顿这片土地之上。

随着荷兰的独立，经济和政治迅速崛起，莱顿大学的教育发展也得到了长足的进步。但是当时的莱顿大学师资力量仍然很弱，如果其要想跻身世界一流大学的行列，就必须聘请到第一流的学者来校任教。于是莱顿大学为了吸引各国著名的各个学科的著名学者而设立丰厚的任职待遇，而正是这些优秀的教师人员，为莱顿大学的未来搭建了一个很好的平台。而随着其教学水平的提高，知名度的提升，越来越多的海外学子慕名来到这里求学。

当今神韵

位于莱顿的莱顿大学是一座将校园建筑与城市建筑相融合的大学，因此莱顿是一座名副其实的大学城。莱顿大学现在拥有 130 多座建筑设施，遍布于莱顿市的各个角落。大学建筑的主要部分在这座历史名城的中心或中心附近，大学办公楼和信息中心大楼位于莱顿中心火车站东侧，大学图书馆“杜伦”建筑群（文科）位于市中心南侧风景秀丽的护城河畔，豪莱斯实验室、惠更斯实验室、计算中心研究所、数学研究所、医学院及附属医院，各种生物化学实验室，分布在西城区，以荷兰著名物理学家、现代超导研究奠基人命名的卡麦林・昂尼斯实验室坐落在市中心。在莱顿还有众多的博物馆，而莱顿大学植物园被认为是欧洲最古老的植物园之一。

现在的莱顿大学设有神学系、法律系、医学系、数学和自然科学系、文学系、社会科学系、哲学系、史前学和史前人类学系共 8 个系。有约 5000 名教职员工，

▼ 莱顿大学城

15000 名在读学生及 1500 名外国留学生。

莱顿大学拥有 9 个联合研究所，拥有世界上第一座低温物理实验室，这个实验室被称之为“世界上最冷的地方”，因为它只比绝对零度高千分之一度。该实验室还第一次实现了氦的液化，首先发现了金属中的超导现象。莱顿大学拥有一向以严谨、高水平而著称的顶级医学研究中心，在这里诞生出了世界上第一台心电图仪器。并与全球多国一流大学达成合作，还曾参与了全球超过 40 个国家学术机构的相关研究。

莱顿大学还是荷兰考古学研究和天文学的发源地。1927 年，沃尔特教授证明了太阳系所有星球都围绕银河系的中心旋转。

莱顿大学精英榜

海克 · 卡默林教授：1913 年被授予诺贝尔物理奖。

彼得 · 齐曼：诺贝尔奖得主。

威勒姆 · 英索文：诺贝尔奖得主。

亨德里克 · 安通 · 罗伦兹：诺贝尔奖得主。

著名物理学家爱因斯坦在 1920 至 1946 年间曾出任该大学物理系的客座教授。

莱顿大学与中国

莱顿大学与北京大学、北京语言学院、北京师范大学及北京医科大学签有学术交换条约。2003 年，莱顿大学与北京大学还共同庆祝两校建立学术交流 20 周年。

莱顿大学汉学院是欧洲最大的汉学院之一。其建筑中的走廊、半圆拱门、大厅堂等特色设计，好像在极力营造四合院的感觉。中间大厅摆了个香台，两边一副对联，横批曰“政贵有恒”。

莱顿大学汉学院的中文图书馆是欧洲最大的中文图书馆。集中收藏了各地的中文图书，因而也使其藏书量居欧洲各国中文图书馆中的第一位。该校也是荷兰唯一设有中文专业的大学。

格罗宁根大学
——历史悠久的国际化大学

性　　质：公立

位　　置：格罗宁根市

成立时间：1614 年

院系设置：神学、法学、医学、数学和科学、艺术、经济、行为和社会科学、哲学、环境科学、商务管理等 10 个科系

特色学科：物理学

创建于 1614 年的格罗宁根大学，是欧洲最古老的大学之一。自 17 世纪建校以来，学校就以其独特的魅力吸引着大量的外国留学生和教授。

历史掠影

格罗宁根市从古至今都是荷兰北部的科学、文化、贸易和工业中心，其城市的建筑风格更具有浓郁的荷兰特色。这里风光旖旎，气候宜人，很适宜居住。同时这个城市又极其富有朝气，是一个充满活力的现代城市。

格罗宁根大学成立于 1614 年，坐落在格罗宁根市。格罗宁根大学是一所历史悠久而又始终处于教育前沿的国际化大学。自创建以来，该校吸引了大量的外国留学生和专家学者，通过新思想和新经验的交流，产生了许多在专业学术领域有影响的理论。而在漫长的 4 个世纪时间里，格罗宁根大学先后培养出了 10 万多优秀人才，他们遍及世界 90 多个国家．其中还包括诺贝尔奖得主、政府高官、企业精英、学术巨擘等。随着社会的进步，格罗宁根大学教育方式也在不断发展与完善之中，从而令其毕业生的就业率和就职能力获得大幅度提高。

当今神韵

格罗宁根大学共有 9 个学院 ,9 个研究生院 ,27 个研究中心和机构 , 超过 175 个学位项目。与此同时格罗宁根大学还在分子学、进化生物学、纳米科学和医学与制药革新专业为国际学生设立了全额奖学金。该校计算机设备和多媒体教学体系在荷兰大学中居领先水平。格罗宁根大学在生态学，材料科学，化学和天文学排名进入欧洲研究型大学前三。每年有超过 4，300 份研究成果出版，平均 260 个博士学生被授予博士学位。

格罗宁根大学还是欧洲 COIMBRA 集团的成员 (COIMBRA 集团是欧洲历史最悠久的 33 所大学的合作组织)，此外，学校还与欧盟以外的几十所著名大学建立了学术交流关系，包括中国的清华大学和复旦大学。

格罗宁根大学精英榜

海克・卡默林・翁内斯：1913 年诺贝尔物理学奖获得者。

弗里茨・塞尔尼克：1953 年诺贝尔物理学奖获得者。

威廉・弗雷德里克・赫尔曼斯：作家

格罗宁根大学与中国

2005 年, 复旦大学与荷兰格罗宁根大学联合发起设立的荷兰研究中心宣布成立。荷兰研究中心的成立，不仅为两校间的进一步合作和交流开了一个好头，也为国际名校间的交流和合作提供了很好的范例。两校的经济学院之后还开展了“2+2”本科生联合培养项目。

▼ 古老的格罗宁根大学坐落在格罗宁根市

第十一章

新加坡名校

说起新加坡，很多人会用“舒适的城市”、“风光优美”等词语来形容它，但是除了城市的洁净美丽，新加坡的教育实力也越来越得到世界的认可。新加坡国立性质的大学有新加坡国立大学，新加坡南洋理工大学，新加坡管理大学和正在建设的新加坡第四所大学。新加坡的国立理工学院有5所，新加坡南洋理工学院、新加坡理工学院、淡马锡理工学院、义安理工学院和新成立的共和理工学院，此外南洋艺术学院现在也正在为加入国立大学而努力。新加坡凭借着其全面而专业的教育系统、丰富多彩而特色各异的教育服务，吸引了大量海外留学生，成为亚洲最重要的教育中心。

新加坡国立大学
——花园国度的顶尖大学

性　　质：公立

位　　置：新加坡

成立时间：1980 年 8 月 8 日

院系设置：医学院、工程学院、音乐学院等 9 个学院

特色学科：妇产科学系

校　　训：自强不息

新加坡国立大学是亚太地区最好的大学之一，近年来，它在国际高等学府的排名中不断飙升，教学和研究水平均处于国际前沿。已成为亚太地区备受瞩目的顶尖大学。“创造知识、传授知识和运用知识”是新加坡国立大学的办学宗旨。

历史掠影

1905 年新加坡设立英皇爱德华七世医学院，1927 年设立莱佛士学院。随后 1949 年这两所学院又被合并为马来亚大学。1962 年又被改名为新加坡大学。现今的新加坡国立大学 (简称 NUS) 就是在 1980 年由新加坡大学和南洋大学合并而成的新加坡的第一个高等教育中心。

两校合并后提出了共同的教学方案，其教学方案中规定：人文科学、社会科学、自然科学、财会与商业管理学科的学生全部由相同的教师讲授同一课程，并进行统一考试。

在 1980 ~ 1990 年的 10 年时间内，该校的本科生人数从 8634 名升至 15193 名，教师人数从 602 名增长到 1456 名；研究生也由 536 人激增到 2342 人；十年间该校还新建了工程学研究生院。

当今神韵

新加坡国立大学主校园位于新加坡全岛风景最优美的地段肯特岗山脊，整个学校占地 150 公顷，而另一校区则位于蒂马岗。

新加坡国立大学目前设有 9 个学院，共 50 多个系科，培养全面发展的本科毕业生。大学还设有 7 个研究生院，提供高水准的研究生课程。新加坡国立大学非常重视教师队伍的培养，为了加强师资力量的建设，在“创一流国际大学”的目标指导下，新加坡国立大学在英美等国分别设立了教师招聘处，以高待遇吸引国际著名的学者来任教。

与此同时新加坡国立大学也很重视教学方式的选择，他们采用英国式教学方法来进行对学生的管理。在这里学生第一年被分到各个所属学院接收公共课基础教育，第二年以后才根据自身爱好和特长划分专业。在划分专业时采用学分制和投标选课制，根据学生的兴趣进行选课搭配，它采用了英式的 5 分制和荣誉学位制，根据学生的综合累积分授予不同等级的本科学位。在此就读所获得的学位，不少系科的毕

▼ 新加坡国立大学是新加坡第一个高等教育中心

业文凭（含学位证书）已得到英国专业机构和国际学术机构的认可。如：建筑学院的建筑学士学位已于1985年被英国皇家建筑师协会认可，而化学工程和土木工程两个专业的学位也分别被英国化学工程师协会、土木工程师与结构工程师协会批准。该校医学院、牙科学院、工程学院和建筑学院的学位课程也分别由国际相应学术机构认可。

学校的体育娱乐中心设有多个风雨网球场、全天候球类场馆、运动场、体育场、奥林匹克游泳池，以及15个室内体育馆，为学生提供了丰富多样的休闲娱乐方式。

大学图书馆系统由中心图书馆、汉语图书馆、理科图书馆、医学图书馆和洪水森纪念图书馆6个图书馆组成。全校馆藏图书16675万册，期刊16570种，资源极其丰富。

新加坡国立大学与海外顶尖大学有着良好的合作，如哈佛大学、约翰霍普金斯大学、麻省理工学院。这些合作确保新加坡国立大学在科技和研究领域处于领先地位。

新加坡国立大学与中国

新加坡国立大学研究生部外国留学生更是占了60%之多。外国留学生中又以中国学生人数最多，共计3000名左右。

到新加坡国立大学念书的中国学生，除了选择经济、企业管理等“热门学科”外，还有不少学生选择人类学、音乐等人文艺术类专业的。其中音乐学院有1／3的学生来自中国。

2001年5月，北京大学光华管理学院与新加坡国立大学在新加坡国立大学正式签署合作协议，共同培养国际工商管理硕士。双方的合作模式是互相找留学生，合作培养MBA生，互相承认对方学分。2002年2月，新加坡国立大学与北京大学、清华大学、北京航空航天大学、中山大学、浙江大学、复旦大学、上海交通大学、南京大学、华中科技大学和西安交通大学十所大学签署共同培养资信通讯业人才和加强研究的协议。

2003年9月，北京大学与新加坡国立大学举行了双学位工商管理硕士项目合作签约仪式，双方将在该项目上进一步合作。

第十二章

韩国名校

韩国是一个非常重视教育的国家。韩国有句古语，“即使是老师的影子也不能踩”，这句话生动形象地反映出韩国人自古以来尊师重教的程度，也是韩国民族长期以来兴办教育的一个原则。过去一百年是这样的情况，即使进入现代社会的今天也是这样。

首尔大学
——韩国最早的国立综合大学

性　　质：国立
位　　置：首尔市
成立时间：1946 年 8 月 22 日
院系设置：医学部、理工学部等 16 个学院
特色学科：农业和生命科学、工程学
校　　训：真理至善

首尔大学是韩国最早的国立综合大学，与延世大学和高丽大学同被视为韩国超一流大学。建校以来一直主导着韩国各学术界的发展，并为韩国培养出了一大批社会风云人物，已发展为具有世界名校水准的综合研究大学。

历史掠影

首尔大学是韩国最早的国立综合性大学，其前身之一是日据时期 1924 年成立的京城帝国大学，简称城大，是当时日本的第 6 所帝国大学，在当时就已经设有预科、理工学部、法文学部及医学部。

二次大战后，1946 年 8 月 22 日首尔大学成立于韩国首尔市，建校初期首尔大学就在民族教育的旗帜下，把倡导民族文化和为世界文化做贡献作为建校的志向，更把培养社会各界所需要的人才同最终达到自我实现、国家兴旺和人类繁荣为教育目标。

1963 年，为了实现语言学研究和语言教育、外国语能力的测定和评价，首尔大学成立了语言学研究所，并在此进行了多项研究活动。

于 1969 年成立的首尔大学韩语教育部，主要是为了进学或就业学习而生活在韩国的外国人 (包括海外同胞) 进行韩语和韩国文化教育。40 多年来，韩语教育部培养

了来自众多国家的海外学子。而这些毕业人员也在学成之后从事着韩语研究或与韩语相关的职业，并不断地在宣传韩国文化，对韩国文化的传播起到了一定的作用。

当今神韵

从建校到现在，历经 60 年的发展，首尔大学现在已成为了韩国最高水平的教育与研究机构。如今首尔大学分为冠岳、莲建两个校区，设有 16 个单科学院及研究生院、3 个专科研究所、93 个研究中心及支援单位。本科生 22237 人、硕士生 7446 人、博士生 2693 人、教授 1868 人。

1996年，首尔大学迎来了建校50周年，并制订了以集中培养高等人才为目标的“头脑韩国21工程”，为培养出有竞争力的研究人员从而发展成为世界一流水平的研究型、综合性大学而努力。

首尔大学在招生政策上，已逐步把高考成绩仅仅作为判断有无志愿资格的标准，采取以“自主考试型论述”为核心的考试方式。由于首尔大学受到政府的资助和重视，师资力量却很雄厚，但学费和住宿等费用均比私立大学便宜。因此，首尔大学一直是学生首选的大学。

▼ 1946 年首尔大学在韩国首尔市成立

首尔大学自建校以来，不仅为韩国培养出了各种不同类型的人才，而且在所有领域的学界里起到了先导作用，它现在已经成为韩国最高的知识殿堂。

首尔大学精英榜

金泳三：韩国第 14 任总统。

高建：韩国第 35 任国务总理。

李海瓒：韩国第 36 任国务总理。

潘基文：联合国秘书长。

首尔大学与中国

1992 年，中韩建交以来，首尔大学与中国的接触渐渐地变得频繁起来。1996 年，中国国家行政学院的副院长张修学率团访问了首尔大学的公共行政研究生院。1999 年 1 月，首尔大学公共行政研究生院副院长一行四人访问了中国国家行政学院并进行了关于韩国公共行政政策等方面的研讨活动。

2004 年 8 月 25 日，搜狐网站的校园栏目邀请了首尔大学的金志炫女士向中国网友介绍了首尔大学的具体情况，在直播活动中她热情的希望中国学生前往首尔大学留学，以便让中国人更深入地了解首尔大学，了解韩国。

2004 年 11 月 2 日，“2004 年度中韩大学生植树交流活动”在韩国首都首尔举办。当天，中国大学生走访了韩国最负盛名的首尔大学，与该大学的学生代表进行了交流。

2007 年，首尔大学的医院，为竣工的北京第七人民医院提供了电子图表等数字诊断系统，并与中国进行了多方面的医疗技术合作。

第十三章

日本名校

自古以来，日本就是一个农业国，但在近一个世纪尤其是二战以后，工业迅速发展，现在已成为世界上最先进的发达工业国家之一。其飞速发展与其对教育的重视及完善的教育体系是分不开的。日本的高等教育体系完善，层次分明。截至 1999 年 5 月 1 日，日本有高等专门学校 62 所，其中国立 54 所、公立 5 所、私立 3 所；专门学校 3014 所，其中国立 132 所，公立 210 所，私立 2672 所；短期大学 585 所，其中国立 23 所，公立 59 所，私立 503 所；大学 623 所，其中国立 99 所，公立 66 所，私立 458 所；研究生院 463 所，其中国立 99 所，公立 45 所，私立 319 所。

东京大学
——亚洲最早的大学之一

性　　质：国立

位　　置：东京

成立时间：1877年4月12日

院系设置：法学部、经济学部、文学部、教育学部、教养学部、工学部、理学部、农学部、药学部、医学部10个学部

特色学科：基础法学、民刑事法

东京大学是亚洲创办最早的大学之一，被公认为是日本最高学府，是亚洲一所世界性的著名大学。基本上囊括了当今世界高等教育和学术研究的主要领域。东京大学有10个大学部，11个研究生院。

历史掠影

东京大学成立于1877年，是日本创办的第一所国立大学。东京大学的前身是明治时期创办的东京开成学校和东京医科学校。如果追溯得更远些，最早是幕府时期设置的“兰学”机构“天文方”、昌平坂学问府、种痘所历经演变而来。明治维新初期，日本政府公布了“新学制令”，为向欧美学习打开门户，于1877年根据文部省指示将东京开成学校和东京医科学校两校合并，定名为东京大学。

1886年，明治政府为适应国家需要，培养具有国家主义思想的人才，颁布了“帝国大学令”，东京大学改名为帝国大学，采用分科大学制，原来工务省管辖的工科大学，农务省管辖的东京农林学校和山林学校合并建成的农科大学，相继成为帝国大学的工科大学和农科大学，原有的几个学部分别改为法政大学、医科大学、文科大学、理科大学；并开始设置研究生院。成为一所名副其实的大学。

制定了“学位令”后，东京帝国大学增设博士和大博士学衔。其间，各帝国大学纷纷冠上本地名称，为示区别，帝国大学的名称前面添上“东京”二字，更深一层含义是使其成为各大学的样板。

1986年，亚洲一些大学校长和行政管理人员投票评选10所世界著名大学时，东京大学作为亚洲唯一代表入选，这是东京大学的荣耀，也充分证明了它的学术水平。

2005年6月，世界上最具权威的学术信息机构美国THOMSONISI学术信息会社，公布了论文被引用次数的排行榜。在自然科学与社会科学的综合排名中，东京大学居世界第16位，位居日本国内第一。

当今神韵

东京大学校区设在东京都内文京区本乡，占地面积40万平方米，全校绝大部分机构均在这里。另外在目黑区驹场另建一新校区，为教养学部及部分后勤设施所在地，附属学校、实验实习基地(如农场、林场、地震、火山、天文等观察站)、师生员工

▼ 东京大学红门

宿舍等分布在全国各地。

在校本区一片现代化建筑群中，东京大学的一座古朴典雅的门，独具风格，这就是日本的国宝，人们称它为红门。江户时代，藩王娶妻建红门是一种习俗。红门后来经东京大地震和二次大战的破坏，1949年被国家定为重点文物。1991年重新修缮一新，十分有气派，现红门成为东京大学的代名词。

走进正门，是被视为东京大学象征之一的银杏树道，这些银杏树同东大一起历经了百年的沧桑，他们给校园带来的超凡脱俗的美，令人神往。

东京大学有一处著名的“心字池”，清幽的池水、戏水的野鸭，有一种中国江南园林的雅趣。日本文学家夏目漱石在小说《三四郎》中描写了它，所以人们又叫它“三四郎池”。如此美丽的景致，曾经为东大孕育出两位诺贝尔文学奖获得者——川端康成和大江健三郎。

▼ 东京大学图书馆

东京大学的科学研究力量强大，机构众多，共有 12 个研究所和 13 个供全校乃至全国共同使用的研究中心。

东京大学是一所学科齐全、闻名于世界的综合性大学，基本上囊括了当今世界高等教育和学术研究的主要领域。

东京大学共有 10 个学部 (本科的学院)，即法学部、经济学部、文学部、教育学部、教养学部、工学部、理学部、农学部、药学部、医学部。

东京大学共有藏书 660 多万册。其中外文书 300 多万册，分藏于全校 60 多个学部，研究所以及有关部门的图书馆和资料中心。中心图书馆藏书近 100 万册，38600 种期刊，每年全校订购新书近 20 万册。

在东京大学的办学理念里，你几乎捕捉不到文人气息，相反，它给世人的印象，更多的则是理性和务实。

走进东京大学的图书馆。你就可以感受到这种无处不在的严谨治学氛围。东大图书馆设有开架阅览室和自由阅览室，除了面向在校生以外，还向社会开放，毕业生只要持入馆证或者毕业证书就可以进来重温学生生活。对于勤学苦读的东大学子们来说，东大图书馆是他们成长历程中重要的驿站。

东京大学博物馆可以说是这一教育思想的产物，作为日本最早建立的一所大学博物馆，它收藏了从江户时代到现在的东京大学的历史资料和 240 万件研究标本。博物馆尽量收藏每个研究所的研究成果和资料，以记录东大的研究历史。这就是为什么东京大学授课时能够尽量使用实物标本的原因。

东京大学精英榜

东京大学建校以来培养了大量知名人物，据说当代日本知名人士中东京大学的毕业生约占半数以上。

在野党中有共产党的宫本显治、上田耕一郎，社会党的在田知己。新民连的田英夫、江田五月等均出自东大。在社会活动家中有曾担任过中日友好协会副会长的向隆坊，“鲁迅通”竹内好等。

在科学家中有长冈半太郎 (后为大阪大学首任总长)、高木真治、近藤平三郎、小平邦彦、茅城司等知名学者。还有历史学家井上清，经济学家大内兵卫。

在文艺方面亦是人才辈出。大文豪中川端康成获得诺贝尔文学奖。还有夏目漱石、森鸥外、永井荷风、广津柳浪等世界闻名。北桦派有志贺直哉、菊池宽、芥川龙之介，以后者命名的“芥川奖”为日本国内著名的文学奖。短歌俳句方面有权威正冈子规，诗人上田敏，作家坛一雄、太宰治、三岛由纪夫、名崎润一郎、铃木三重吾等均是国内受人欢迎的艺术家。此外还有演员山村聪、南原宏治、平田昭彦，歌手加藤登纪子，多才多艺者桥木治等。

在日本较大的公司中任董事长、总经理、部长等要职者尤以旧帝大毕业的人居多，据资产在 10 亿日元以上的公司统计，在这些公司中担任上述要职的人，东大毕业生要数第一，所以又有“东大人掌握国家政治经济命脉”的说法。

东京大学与中国

在东京大学和中国之间，早就开始了人文科学领域的交流。我国许多的知名人士在这所古老的大学就读过。

最早在我国传播马克思主义的先驱者之一，中国共产党创始人之一，著名的马克思主义哲学家李达就毕业于东京大学。

著名数学家、教育家苏步青 1924 年留学日本 ,1931 年毕业于东京大学研究生院，获理学博士学位，在日本读大学时他发表了《关于弗开特的一个定理的注记》数学论文，在当时引起轰动。长征路上唯一的教授成仿吾也毕业于东京大学。

现代小说家、散文家郁达夫毕业于东京大学经济学部。

曾任林业部部长的梁希是著名林学家、林学教育家，他于 1906 年赴日本留学，入士官学校学习海军，加入同盟会。辛亥革命时回国，1913 年转入东京帝国大学农学部学习林学，1916 年回国任北京农业专门学校教师兼林科主任。

我国第一个音乐专业学校创始人肖友梅于 1901 年赴日本留学，在东京高等师范附中音乐学校学习。

另外胡政之、张资平、王梵生、汪厥明、史尚宽、穆木天、杨春洲、杨向奎等都曾经是东京大学的学子。

冰心女士是东京大学的第一位女教师，1949 年冰心与丈夫吴文藻东渡扶桑，同年冰心被东京大学新中国文学系聘为教授，成为东京大学的第一位女教师。当时她在文学部讲授中国文学，给文学部的人留下了深刻的记忆。

京都大学
——科学家的摇篮

性　　质：国立
位　　置：京都府
成立时间：1897 年
院系设置：理学部等 10 个学部 15 个研究科
特色学科：化学反应、数理分析、病毒学
校　　训：自重自敬，自主独立

京都大学与东京大学虽为日本东西两地同等齐名的国立大学，但它们的传统与办学目标迥然不同。东京大学以培养治国人才为主，京都大学则以培养科学家见长，被人们称为“科学家的摇篮”。京都大学一向注重学术上的高标准，尤以理科著称，因而形成了富有特色的“京都学派”。

历史掠影

京都大学是继东京大学之后成立的日本第二所国立大学。1892 年，23 位国会议员在向国会提出的一个议案中提出，日本仅有一所国立大学，缺乏竞争，对办学和学生的培养都不利，建议在当时的西京——京都建一所大学，1897 年议案被通过，大学得以诞生，当时定名为京都帝国大学。

初建时整个大学只有一个理工科分科大学，共有 6 个专业 21 个讲座，学生不到 500 人，木下广次为首任校长。数年之后，又增设了法科、医科、文科等 3 所分科大学，这时全校已有 5 个分科大学。4 年后新的大学令颁布，分科大学改名为学部。法学部原有的法律学和经济学分家，同时上升为学部，经过数年的努力，农学部和一些研究机构相继成立，学校规模有了很大的发展，学生人数成倍增加。

战后，按照新的教育法，全部实行新制，删去帝国大学中的“帝国”二字，清除军国主义对京都大学的破坏和影响，包括实行男女共学，清理教师队伍，废除一些不合时宜的讲座，增设教育学部、药学部和一些研究所，研究生的教育得到了长足发展。对外开放门户。这样，京都大学就成了在日本仅次于东京大学的学科齐全、规模宏大的国立综合大学。

当今神韵

京都大学位于日本历代的古都，有着悠久的日本传统历史和文化；校园远离首都的政治中心和繁华的大城市，为学者准备了潜心治学的理想场所和优美的校园自然环境，还有京都人那种“优哉游哉”的生活方式，这些独特的学术和人文环境与京都大学成果累累、人才荟萃都是分不开的。而京都大学为学生创造的学习和研究环境同样值得称道。

从机构的设置和科学研究的组织上也可以充分看出京都大学的特色。有不少研究所和中心是全国独一无二的。先进的仪器设备和优良的研究环境为科学研究准备了得天独厚的条件，研究人员如鱼得水，因而无论在研究课题和研究成果上在日本均很有影响。

在基础理论研究方面，京都大学更是走在日本各大学的前头，影响最大的是以汤川秀树为首任所长发展至今的基础物理研究所，现已成为世界基础物理理论研究的中心之一，研究领域包罗了天体物理、基本粒子，原子核、宇宙、统计物理、物性等诸多方面。

在化学反应理论研究方面，福

▼ 1897 年，京都大学在京都成立

井谦一的量子化学边界轨道理论已应用于化学工程，1987 年获得了诺贝尔奖。数理分析研究沟通了自然科学和社会科学两大领域。借助数学模型的方法已愈来愈普及到对许多理论问题的研究，并实现计算机处理的程序化。病毒的研究、癌的发生和遗传理论也有所进展。

在人文科学的研究方面，京都大学同样十分重视具有自己的特色。在京大历史上也出现了不少世界著名的优秀学者，有的还得到日本文化勋章。如日本哲学宗师西田几多郎，法学的佐佐木惣，研究中国史的贝冢茂树，研究中国文学的吉川幸次郎等。

京都大学与东京大学虽为日本东西两方齐名的国立大学，但它们的传统与办学目标迥然不同，东京大学以培养治国人才为主，京都大学则以培养科学家见长。在科学研究方面，人才和成果都不少，因而被人们称为“科学家的摇篮”。

特别引以为自豪的是，在 1949 ~ 1987 年的 38 年中，日本获诺贝尔奖的 7 名得主中京都大学就占 4 名。获日本文化勋章和日本科学院奖以及其他方面奖励的更是数不胜数，这些成就的取得同它的优秀传统是分不开的。

京都大学一向注重于学术上的高标准，从创校以来就有理重于文的传统，在全校的学部，研究所、教学与科研中心中理科明显占优势，因而形成了富有特色的“京都学派”。

人们曾这样形容“京都学派”：“即使在常人看来芝麻一样的小事，京都大学教授也会饶有兴趣，只要合乎学术道理的，就会义无反顾地去做”。这个学派最早是京都大学文学部著名的哲学家西田几多郎以及他的弟子田边元、三木清等人倡导发起的，原意是指他们对日本哲学的研究有独到的见解，后来日本学术界引申为京都大学毕业出来的“不问实际，只管求知”的一群人。正是他们这种“兴趣”和“执着”才使京都大学成了科学家的摇篮。

京都大学精英榜

池田勇人：第 58 ~ 60 任日本首相。

冈洁：数学家。

汤川秀树：物理学家、1949 年诺贝尔物理奖得主。

朝永振一郎：物理学家、1965 年诺贝尔物理奖得主。

福井谦一：化学家、1981 年诺贝尔化学奖得主。

利根川进：生物学家、1987 年诺贝尔生理医学奖得主。

野依良治：化学家、2001 年诺贝尔化学奖得主。

宏中平佑：数学家。

森重文：数学家。

朝比奈隆：指挥家。

杜聪明：台湾第一位医学博士，台湾高雄医学院创办人。

雷震：自由主义思想家，台湾《自由中国》杂志负责人。

谢长廷：前台湾“行政院”院长，曾任高雄市市长，民进党前党主席。

京都大学与中国

京都大学人文科学研究所设有日本、东方、西洋三部，其中尤以东方研究部的中国研究最为著名，以中国的社会、政治、历史、革命史、古典文学为重点，在唐诗、元曲、汉书律历志的研究上远胜于日本其他大学。为世界大学中的佼佼者。所内藏有研究汉学的珍贵中国文献 41 万册，其中有些是连我国国内也难找到的，比如商甲骨文、汉籍拓本，以及日本从我国各地带回来的相片、地图；录像带、缩微影片等。

1949 年以前，我国就有不少人去京都大学留学。郑伯奇，作家，1917 年赴日留学，1921 年与郭沫若等组成“创造社”，1926 年京都大学毕业，回国任教授，新中国成立后任中国作家协会理事。章鸿钊 (1887 ~ 1951 年)，著名地质学家，曾赴日本京都大学留学。

京都大学已同我国的西北大学、武汉大学、北京大学等校签订了校际交流协议。

目前在京都大学就读的留学生有 1123 人，其中以中国留学生占绝对多数，近几年来，留学生人数都呈不断增长趋势。日本京都大学积极招收中国留学生，将于 2006 年在中国上海开设事务所，派教员常驻上海，并与复旦大学合作，利用电脑进行远程教学。

第十四章

中国名校

中国现代大学起步较晚，但是从北洋大学堂到今天的天津大学，从京师大学堂到今天的北京大学，仅百余年里，经过了繁复变化的沧海桑田。但是在改革开放至今的30多年的时间里，中国大学基本完成了治学理念、学术视野、交流能力等诸多方面与世界大学的接轨。在中国办起世界一流的大学已经不是遥远的梦想。

北京大学
——太学典范，大学祖庭

性　　质：国立

位　　置：北京

成立时间：1898 年 12 月

院系设置：新闻与传播学院、经济学院、外语学院、医学院、国际关系学院等 42 个院系

特色学科：中国语言文学、光华管理学院、经济学、法学、新闻与传播学、医学

校　　训：思想自由，兼容并包

北京大学始终保持“爱国、进步、民主、科学”的传统和“勤奋、严谨、求实、创新”的学风，自建校以来一直享有崇高的名声和地位，可谓“上承太学正统，下立大学祖庭”。

历史掠影

北京大学创立于 1898 年，初名京师大学堂，是中国第一所国立大学，也是中国在近代史上正式设立的第一所大学，其成立标志着中国近代高等教育的开端。

北大以中国最高学府的身份创立，最初也是当时的中国最高教育行政机关，身兼中国最高学府与国家教育部的双重职能。北大传承着中华数千年来国家最高学府——“太学”的学统，是中国古代最高学府在现代的延续，自建校以来一直享有崇高的名声和地位，可谓“上承太学正统，下立大学祖庭”。1912 年 5 月 15 日，京师大学堂更名为“国立北京大学”。

1917 年，蔡元培出任北京大学校长，他“循思想自由原则、取兼容并包之义”，

使得北京大学思想解放，学术繁荣。陈独秀、李大钊、朱家骅、胡适等一批重要的历史人物都曾在此时期在北京大学任职或任教，鲁迅也在此兼职讲师。北大因而成为开风气之先的“新文化运动”中心和多种社会思潮的策源地。北京大学是中国共产主义思想的重要发源地和中国共产党早期活动的重要基地。

1919年5月4日，“五四运动”爆发。北京大学等北京多所学校的学生在天安门前集会，罗家伦、江绍原、张廷济为学生运动三个代表，罗家伦起草了《北京学界全体宣言》，随后举行示威游行。军警当场逮捕学生。蔡元培、李大钊、陈独秀、朱家骅、胡适、鲁迅当时为了营救学生，不惜发动全国工商界罢工罢市。北京学生的爱国运动，得到了各地青年学生和人民群众的同情和支持，学生爱国运动的烈火迅速燃遍全国，发展成为全国性的反帝爱国运动。

1927 ~ 1929年间，北大处于动荡之中，并遭到严重摧残。奉系军阀攫取北京政权后，于1927年悍然宣布取消北大，与北平其他八所国立大学合并为京师大学校。1928年南京国民政府先将其改为中华大学，复改为北平大学，又复改为国立北平大学北大学院。1929年北京大学宣布自行复校，国民政府于8月6日将北大学院改为国立北京大学。1930年，曾三度代理北大校长的蒋梦麟开始执掌北大，他提出“教授治学，学生求学，职员治事，校长治校”的十六字方针，对学校工作进行了全面整顿。设文、理、法三学院，下设14个学系；实行教授专任制，聘请了一批知名教授，特别是理学院延揽了一大批一流科学家，使北大理科得到较快发展。制定《国立北京大学组织大纲》，明确办学宗旨为“研究高深学

▼ 北京大学

▲ 北京大学内蔡元培塑像

问，养成专门人才，陶融健全品格”，并按照美国的大学教育制度，对旧的教学和科学研究制度进行了大刀阔斧的改革：推行学分制，要求毕业生撰写论文并授予学位，正式设立研究院，推进高等教育的正规化。蒋梦麟还多方筹集资金，1931年北大与中华教育文化基金会设立合作研究特款。1934年北大动工兴建新的图书馆；理科各系设施得到相当的改善，到1935年，北大已建成实验室40多个，实验仪器6716件，标本15788种，药品及实习用具3100多件，设备条件居于全国高校前列。蒋梦麟掌校期间，正是民族危亡内忧外患之时，而经过亡校风波的北大却在教学与科研水平稳步上升，蒋梦麟这位中国现代杰出的教育家功不可没。

1937年卢沟桥事变后，北京大学与清华大学、南开大学南迁长沙，共同组成国立长沙临时大学。1938年初，国立长沙临时大学迁往昆明，改称国立西南联合大学。西南联大汇聚三校精华，以刚毅坚卓精神，维系中华教育命脉。抗战胜利后，北大返回北京沙滩，于1946年10月正式复学。

2000年4月3日，北京大学与北京医科大学合并，组建了新的北京大学。北京医科大学的前身是国立北京医学专科学校，创建于1912年10月26日。二十世纪三、四十年代，学校一度名为北平大学医学院，并于1946年7月并入北京大学。1952年，在全国高校院系调整中，北京大学医学院脱离北京大学，独立为北京医学院。1985年成为国家首批“211工程”重点支持的医科大学。两校合并进一步拓宽了北大的学科结构，为促进医学与人文社会科学及理科的结合，改革医学教育奠定了基础。

当今神韵

北大校园又称燕园，包括淑春园、勺园、朗润园、镜春园、鸣鹤园、蔚秀园、畅春园、承泽园等，在明清两代是著名的皇家园林，数百年来，其基本格局与神韵依然存在。校园北与圆明园毗邻、西与颐和园相望。这里不仅有亭台楼阁等古典建筑，而且山环水抱，湖泊相连，堤岛穿插，风景宜人；校园内古木参天，绿树成荫，四季常青，鸟语花香，园林景色步移景异。优美典雅的环境内充满着丰富多彩、魅力无穷的校园生活，使学生可以同时感受到自然的风景和浓厚的人文气息。

未名湖的风光优美雅致，东南湖畔的博雅塔的塔影倒映在湖水中。湖光塔影美不胜收。湖畔周围、西侧一直到西门的区域绿荫葱葱，包括第一体育馆在内的建筑都保留了传统中式特色，很多院系的办公室设在这里。

北京大学现有普通本科学生 14240 人、硕士生 8498 人、博士生 4234 人，共有 5 个学部、45 个院系、271 个研究所、16 个国家重点实验室、18 个附属和教学医院、102 个本科专业、4 个第二学士学位专业、221 个硕士专业、199 个博士专业；81 个全国重点学科、35 个博士后科研流动站。

北京大学现有 1491 名教授，其中中国科学院院士 49 名，中国工程院院士 8 名，第三世界科学院院士 9 名，“973 项目”首席科学家 14 人，长江特聘教授 57 人。北京大学的院士、“973 项目”首席科学家、教授、博士生导师、长江学者以及国家重点学科、重点实验室的数目，均居全国高等院校之首。

北大是校园文化最活跃的高校，正式注册的学生社团近百个，山鹰社、爱心社等学生社团已发展成为北大的品牌社团，其影响力走向社会。

北京大学以其突出的影响力吸引着全世界的目光，全世界的政要、学者无不把

▼ 北大百年讲堂

到北京大学演讲作为中国之行的首选。

北京大学精英榜

百余年来，北大校园中人文渊薮，英才辈出，为民族复兴、国家强盛做出了不可替代的贡献。据统计，截至 2008 年，北大校友中已有吴文俊、王选、黄昆、刘东生、叶笃正、吴征镒、徐光宪、王忠诚等 8 人获得中华人民共和国国家最高科学技术奖（全国共 14 人），12 人成为中国“两弹一星”的元勋，130 多人当选两院院士，北大的毕业生和教师为我国的自然科学、人文社会科学、医学、工程技术及国防事业、文化事业的发展做了奠基性和开拓性的贡献。

朱自清：中国现代诗人、散文作家，就读北京大学时，是新潮社的创社成员，参与五四运动。

顾颉刚：历史学家，古史辨学派代表人物，也是中国历史地理学和民俗学的开创者之一。1920 年毕业于北京大学哲学部。

费孝通：著名社会学家、人类学家、民族学家、社会活动家，中国社会学和人类学的奠基人之一，1933 年毕业于燕京大学，获社会学学士学位。

罗家伦：教育家，历史学家，“五四运动”的命名者，北京大学文科毕业。

▼ 北大图书馆

罗豪才：法学家，教授，博士生导师，现任第十届全国政协副主席，1956 年入北京大学法律系学习。

邓稼先：理论物理学家，核物理学家，两弹一星元勋，西南联合大学时期北京大学毕业生。

杨振宁：美籍华人物理学家，获得 1957 年诺贝尔物理学奖，西南联合时北京大学本科、硕士毕业。

周国平：中国学者、作家，因散文而成名，1968 年从北京大学毕业。

王志东：创建新浪网，现任北京点击科技有限公司总经理。1988 年，毕业于北京大学无线电电子学系。

李彦宏：百度公司创始人、CEO，1991 年毕业于北京大学信息管理专业。

俞敏洪：新东方董事长兼总裁，1985 年从北京大学毕业。

北京大学与世界

人们常说，留学生人数和来自的国家数目是一所大学国际化的一个指标，也反映了一所大学的国际威望。北京大学从 1950 年开始招收外国留学生，到现在为止，已有来自近百个国家的 4000 多名留学生在北大求学，其中近 1500 名为长期留学生，比例接近 1/10。

其中，日本、韩国和新加坡的学生占到大多数。学校为留学生制定了灵活的教学安排。每一个留学生在注册日的前两天都可以自由选课，试听两周后还有重新选择的机会。同时还在外国留学生中设立学习优秀奖。所有的这一切，都是为了让不同肤色、不同种族的异国学子能够在北大更好的学习和感受中国文化。

迄今为止，这些留学生中，已有近 20 位出任过各国驻华大使，现任印度外交部部长纳特瓦·辛格、埃塞俄比亚议会联邦院议长、前驻华大使穆拉图·特肖梅、阿尔巴尼亚总统外事顾问、前阿尔巴尼亚外长穆罕默德·卡普拉尼等都曾留学北大。

清华大学
——水清木华，光耀西山

性　　质：国立

位　　置：北京

成立时间：1911 年 4 月 29 日

院系设置：理学院、建筑学院、土木水利学院、机械工程学院等 13 个学院 46 个系

特色学科：建筑学、水利水电工程、土木工程、电气工程、机械工程、美术学院

校　　训：自强不息，厚德载物

淡泊风骨、质朴坦诚，同仁一视，泱泱大风，清华人用自己的人生去阐述清华的精神。“自强不息，厚德载物”的校训，“行胜于言”的校风，“独立之精神，自由之思想”的精神，早已超出清华一校的意义，影响着整个民族的发展，清华的力量，正在于此。

历史掠影

1909 年，清政府利用庚子赔款在北京设立“游美学务处”，开始招考第一批学生赴美留学，同年内务府将皇家赐园清华园拨给学务处作为“游美肄业馆”的馆址，并开始动工建设。这一时期是清华的前身和雏形，校友们称之为“清华的史前史时期”。两年后，游美肄业馆在清华园建成，更名为“清华学堂”（留美预备学校）。1911 年 4 月 29 日农历四月初一正式开学，在工字厅举行开学仪式，教师由基督教青年会从美国聘请，首任教务长为胡敦复。

同年10月，武昌起义开始，学生纷纷请假回家，清华学堂被迫停课。民国成立之后，

将“清华学堂”改名为“清华学校”，于1912年5月1日重新开课，隶属外交部，任命唐国安为清华学校第一任校长，周诒春为教务长。

清华大学的初期发展，以清华国学研究院四大导师王国维、梁启超、陈寅恪、赵元任以及讲师李济为代表的清华学者，主张“中西兼容、古今贯通、文理渗透”，形成了著名的“清华学派”和“清华学风”，对清华的发展产生了深远的影响，培养出了一大批高水平的学术大师，中国近现代很多学科的萌发和兴起最早都是从清华开始的，清华在中国近现代学术史上占据着重要的地位，可谓群星璀璨、光耀西山。

1978年以来，清华逐步复建了理科、经济管理和人文社会科学等各学科，恢复了综合性大学的布局，进入了一个蓬勃发展的新时期。

目前，清华大学设有人文社会科学学院、理学院、美术学院、新闻与传播学院、法学院、经济管理学院、公共管理学院、建筑学院、土木水利学院、机械工程学院、信息科学技术学院、医学院、应用技术学院等院系。清华大学已成为一所具有文、法、

▼ 北京清华大学

理、工、医、经济、管理和艺术等学科的综合性大学。

当今神韵

清华大学地处北京繁盛的园林区，是在几处清代皇家园林的遗址上发展而成的。清华校园周围高等学府和名园古迹林立，园内林木俊秀，水木清华清澈的万泉河水从腹地蜿蜒流过，勾连成一处处湖泊和小溪，滋润着一代代清华学子高洁的志趣和情操。

百年水清木华，清华散发着独特的精神魅力，这里治学严谨、学风浓郁，有着良好的学术水平和教学质量。清华大学现有全国重点学科 49 个，本科专业 58 个，硕士学位授权点 159 个，博士学位授权点 123 个，博士后科研流动站 27 个。目前，清华在校全日制学生 27000 余名，其中本科生 13000 余名，硕士生 8600 余名，博士生 4600 余名。有来自 46 个国家和地区的在校留学生及进修生 1300 余名，远程教育学员 9000 余名。

▼ 清华科技园

作为国立的大学，今天的清华大学面临着前所未有的历史机遇。跻身世界一流大学行列，以综合性、研究型、开放式的姿态跨入崭新的 21 世纪已成为今天全体清华人的努力方向。“自强不息、厚德载物”的清华精神必将濡染着一代又一代的清华人，为我们民族的崛起与腾飞奋斗不止。

清芬挺秀，华夏增辉。今天的清华大学面临着前所未有的历史机遇，新时代的清华人继承爱国奉献的优良传统，秉承“自强不息、厚德载物”的校训和“行胜于言”的校风．努力跻身世界一流大学行列，为中华民族的伟大复兴而努力奋斗。

清华大学精英榜

在清华的天空中，有着太多我们引以为豪的学术大师、兴业之士和治国之才。

在人文社会科学方面，清华先后培养出了一批又一批学术大师，他们中的代表人物如赵元任、李济、陈岱孙、闻一多、曹禺、梁实秋、李健吾、夏鼐、杨绛、金岳霖、潘光旦、费孝通、徐仲舒、高亨、王力、姜亮夫、谢国桢、季羡林、吴晗、钱钟书、张荫麟、何炳棣、杨联升、李学勤、许国璋、王铁崖、英若诚、端木蕻良、胡乔木、乔冠华、于光远等等。

在自然科学方面，清华培养的人才同样是济济多士，他们中有竺可桢、高士其、姜立夫、段学复、张子高、杨石先、叶企孙、周培源、钱三强、王淦昌、朱光亚、梁思成、杨廷宝、钱伟长、吴仲华、周光召、林宗棠、熊庆来、华罗庚、吴有训以及杨振宁、李政道、林家翘等等。

除此之外，清华还培养了大批治国之才，多位中国国家领导人毕业于清华大学。

清华与世界

清华建校以来，就一直和世界其他高校保持着交流与合作。从 1911 年中国第一次选派留学生到 1945 年，光用庚子赔款选派赴美的留学生就达到了 1971 人。其中不乏梁实秋、李政道、杨振宁、钱三强、邓稼先、钱钟书等具有世界影响的文学家、物理学家和知名学者。

新中国成立后，到清华大学演讲访问的有 20 多位诺贝尔奖得主、美国总统布什等 4 位国家元首、32 位副总理及政府部长、14 位驻华大使、126 位大学正副校长、

42 位世界顶尖企业总裁。这些人物的来访与演讲，大大提高了清华的知名度，使世界各地的人对清华有了更多的认识，也使清华逐步走向了世界。

近年来，随着清华大学向世界一流大学的目标不断迈进，多名师生在引用率极高的《科学》和《自然》杂志上发表了论文．得到了国际主流学术界的高度评价。许多外国学生也纷纷把清华大学当作他们来中国留学的最佳选择。

自 20 世纪 80 年代末，清华大学开始招收外国留学生以来，在校学习的外国留学生总人数已达 1440 多人，分别来自 70 多个国家，其中就读本科生专业的有 515 人。

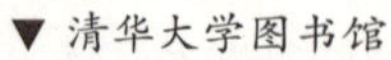

▼ 清华大学图书馆